[MIRROR]

理想国译丛

057

想象另一种可能

理
想
国
imaginist

理想国译丛序

"如果没有翻译,"批评家乔治·斯坦纳(George Steiner)曾写道,"我们无异于住在彼此沉默、言语不通的省份。"而作家安东尼·伯吉斯(Anthony Burgess)回应说:"翻译不仅仅是言辞之事,它让整个文化变得可以理解。"

这两句话或许比任何复杂的阐述都更清晰地定义了理想国译丛的初衷。

自从严复与林琴南缔造中国近代翻译传统以来,译介就被两种趋势支配。

它是开放的,中国必须向外部学习;它又有某种封闭性,被一种强烈的功利主义所影响。严复期望赫伯特·斯宾塞、孟德斯鸠的思想能帮助中国获得富强之道,林琴南则希望茶花女的故事能改变国人的情感世界。他人的思想与故事,必须以我们期待的视角来呈现。

在很大程度上,这套译丛仍延续着这个传统。此刻的中国与一个世纪前不同,但她仍面临诸多崭新的挑战。我们迫切需要他人的经验来帮助我们应对难题,保持思想的开放性是面对复杂与高速变化的时代的唯一方案。但更重要的是,我们希望保持一种非功利的兴趣:对世界的丰富性、复杂性本身充满兴趣,真诚地渴望理解他人的经验。

理想国译丛主编

梁文道　刘瑜　熊培云　许知远

[英] 保罗·科利尔　约翰·凯 著　　魏华 译

贪婪已死：
个人主义之后的政治

PAUL COLLIER　　JOHN KAY

GREED IS DEAD:
POLITICS AFTER INDIVIDUALISM

上海三联书店

著作权合同登记图字：09-2022-0338

图书在版编目（CIP）数据

贪婪已死：个人主义之后的政治 / （英）保罗·科利尔，（英）约翰·凯著；魏华译 .-- 上海：上海三联书店，2022.8

ISBN 978-7-5426-7757-0

Ⅰ . ①贪… Ⅱ . ①保… ②约… ③魏… Ⅲ . ①个人主义—研究 Ⅳ . ① B089

中国版本图书馆 CIP 数据核字 (2022) 第 117249 号

贪婪已死：个人主义之后的政治

[英] 保罗·科利尔、[英] 约翰·凯 著　魏华 译

责任编辑 / 苗苏以

特约编辑 / 魏钊凌

装帧设计 / 陆智昌

内文制作 / 陈基胜

责任校对 / 张大伟

责任印制 / 姚　军

出版发行 / 上海三联书店

　　　　（200030）上海市漕溪北路331号A座6楼

邮购电话 / 021-22895540

印　　刷 / 山东临沂新华印刷物流集团有限责任公司

版　　次 / 2022 年 8 月第 1 版

印　　次 / 2022 年 8 月第 1 次印刷

开　　本 / 965mm×635mm　1/16

字　　数 / 190千字

印　　张 / 17

书　　号 / ISBN 978-7-5426-7757-0/ B·780

定　　价 / 72.00元（精装）

如发现印装质量问题，影响阅读，请与印刷厂联系：0539-2925659

献给因罹患新冠肺炎而辞世的经济学家彼得·辛克莱。

他是我们的朋友，一位绅士。他会喜欢这本书的。

目　录

第三部分　共同体

我们崇尚精致而不奢靡，博学而不矫情；财富之积累，取其用途耳，非为炫耀也；贫穷不可耻，可耻的是甘于贫困。公众人物除了政治，也有私人事务；普通公民虽耽于生计，但依然对公共事务有健全的判断。我们与他国人不同，对于远离公共事务者，我们不只说他没有抱负，他简直就是废物。我们雅典人，即便事情非因我而起，也依然有能力评判之。讨论不是行动的绊脚石，而是一切明智之举的前提。我们的事业因而别具风光：勇往直前且深思熟虑，两种特质都至臻至善，且在每个人身上都珠联璧合。

——伯里克利在阵亡将士葬礼上的演说，
修昔底德，《伯罗奔尼撒战争史》，
雅典，公元前 430 年

序
为什么是现在？

　　本书完成的时期颇不寻常——跟很多国家一样，英国也因新冠疫情肆虐而处于封锁状态。我们一边写作，一边目睹着两个相互矛盾的现象交织在一起：社交疏离，以及国家危机中人们对团结必要性的普遍认知。全国各地的人都在志愿帮助那些能力不如自己的人应对封闭隔离带来的影响，并以各自的方式支持在抗疫前线奋战的人。在这本书中，我们强调这种团结的价值和必要性，即使在不那么困难的时候亦然。

　　这本书当然是在人们听说这个病毒之前就已经策划好了。但我们之前的作品中有一些共同的主题，似乎很适用于眼前的危机，同时也适用于分析较长期的政治形势。保罗的新著《资本主义的未来》（*The Future of Capitalism*）回应了英国日益扩大的社会分歧，探讨了如何恢复社会凝聚力。约翰与默文·金（Mervyn King）合著的《极端不确定性》（*Radical Uncertainty*）是对全球金融危机的回应，探讨对模型的依赖所导致的过度自信。

同许多人一样，我们对流行病学没有研究。有几位流行病学专家自诩有研究，号称他们的模型能够做出准确的预测。但这些模型并没有这样的能力，它们只能确定关键的参数，比如每个感染者能感染的人数以及重症患者的比例。可我们并不知道这些参数的大小。因此，当公共政策面临"极端不确定性"时，我们同时看到了模型的用途及其局限性。

同样，对于政府要求大家待在家里的指令和呼吁，我们不知道民众和企业会做何反应。死亡率与年龄相关，因此对于大多数人来说，保持社交距离帮助的是别人，而不是他们自己。人们会只顾自己吗，还是会先考虑别人？我们已经看到，由于政府权威不同、社会凝聚力不同，不同国家的国民对社交限制政策的反应有着巨大差异。而本书讨论的核心问题，就是国家相对实力的差异、文化和价值观的影响、受个人主义情绪影响的集体意识，以及这些相关因素导致的后果。

中国台湾地区、韩国和新加坡的技术效率与其家庭、社群*优先于个人的价值观相辅相成，这些地方对大流行的防治取得了良好的效果。在世界的南北两端，颇具社会凝聚力的新西兰和瑞典选择了截然不同的行动方针，瑞典主要依靠公民的公共精神，新西兰则迅速出台了一系列限制行动的措施。截然不同的执政风格也体现得很明显：瑞典领导人躲在幕后，

---

* Community 这个词视其具体意思可以被译作社区、集体、共同体；在社群主义的相关著作中，它常被译作"社群"。本书为确保符合中文表达习惯，在个别地方做了灵活处理，请读者留心甄别。——译者注

让科学建议引领抗疫；新西兰总理杰辛达·阿德恩（Jacinda Ardern）敏锐地洞察到了公众情绪，确保了其政府所出台的严厉政策得到舆论的支持；匈牙利的欧尔班·维克托（Viktor Orbán）则借机为自己集聚了无限的权力。而此时此刻*，唐纳德·特朗普（Donald Trump）正在鼓励民众自行注射消毒剂。

英国最初的公众反应是团结一致。只有时间能验证，当个人经济困难到来时，这种团结一致能持续多久。迄今为止，只有美国人走上了街头进行抗议。随着人们对全球经济衰退的担忧越发强烈，企业要么用补贴和赤字来保住工作岗位，要么先一步进行裁员以最大限度地减少股东的损失，但这样又会加快经济衰退的速度。公司会优先考虑股东还是它们对他人和社会的责任？

我们能否在抑制新型冠状病毒的同时最大限度地减少经济损失，取决于社会凝聚力的大小。面对共同的目标，大多数人都能团结一致，但有的社会团结得更紧密、更有效。我们会在后文中充分区分，哪些社会更团结、效率更高，哪些社会做得不够好。

本书有两个相互交织的主题——极端不确定性和社会凝聚力。合作的必要性显而易见，而且它会自然发生。但政界和商界的领袖们刚愎自用，过度信奉借助模型来理解世界，同时个人主义的崛起又削弱了社会为共同目标而合作的能力。这两个因素进而产生了相互作用：自信的领导者们坚信自己知道该做

xv

---

* 本书写作于 2020 年。——编者注

什么，同时不相信人民，认为人民会因为过于自私而拒绝合作。
与审查监督挂钩的激励政策成了领导者们的法宝。

　　个体的自私与自上而下过度自信的管理相结合，已经伤害
了我们的社会。但你可以改变这个现状——我们写了这本书来
帮助你。

第一章

这里发生了什么?

> 我赞美自己, 我歌唱自己。
>
> ——沃尔特·惠特曼,《自己之歌》*

我们生活在充满自私的社会中,怎么能说"贪婪已死"呢?一个可能更准确的表达是,近几十年来不少杰出成功人士信奉的、以功绩和名气为之正名的极端个人主义,在思想上已经站不住脚了。人类天生是亲社会的,表现欲强烈的贪婪既让人不舒服,又具有传染性。无论是商人对经济利益的过度追逐,身份政治的主张,特朗普(Trump)、普京(Putin)、博索纳罗(Bolsonaro)的表现,还是真人秀明星和网红们的崛起,都有一个共同的核心特征——一切都是关于"**我**"的。有些人渴望金钱,有些人渴望得到关注。而硅谷的自由意志主义幻想也建

---

* Walt Whitman, "Song of Myself". ——译者注

立在类似的自私动机之上。这一切都太过分了。

历届美国总统的演讲勾勒了从战后社群主义到个人主义崛起的全过程。1960年，约翰·肯尼迪（John Kennedy）击败理查德·尼克松（Richard Nixon）成为美国总统，他的就职演说是社群主义政治的标志性声明：“因此，我的美国同胞们：不要问你的国家能为你做些什么，问问你自己能为国家做些什么。”[1] 到了1973年，肯尼迪早已去世，尼克松发表了第二次就职演说。他首先重复了肯尼迪的观点：“让我们每个人自问——不只问政府能为我做什么……”他接下来说的就没那么鼓舞人心了：“……也问问我能为我自己做些什么？”[2]

2   40年后，个人主义时代进入了凶险的成熟期。2012年，奥巴马总统（President Obama）在竞选连任时的讲话被《华尔街日报》（Wall Street Journal）视为“意识形态大爆发……政客们很少会如此清晰地展露他们的核心信念”。[3] 疯狂的脱口秀主持人拉什·林博（Rush Limbaugh）认为，这是“奥巴马总统任期内最具说服力的时刻”。[4] 那么奥巴马在那场即兴讲话中究竟透露了什么？

假如你获得了成功，那一定是有人给过你帮助：在你的人生中一定有过一个很棒的老师；有人创造了这令人惊叹的美国体制，使你可以茁壮成长；有人投资修建了道路和桥梁。假如你有一桩生意，那也不是你开创的，而是别人让它出现的。互联网也不是凭空产生的，是政府的研究导致了互联网的发明，使所有的公司都能通过网络赚钱。

我想说的是，如果我们获得了成功，那么这种成功不仅是因为个人的主观能动性和进取精神，更是因为我们大家的共同努力。[5]

如此平庸的陈词滥调，如此显而易见的道理，是不是让你很震惊？共和党人震惊了：他们的代表大会花了一整天的时间来赞美小企业主，乡村歌手莱恩·特纳（Lane Turner）唱起《我造了它》（"I Built It"），共和党人骄傲地随着音乐摇摆。在商界，极端个人主义者自信地认为自己拥有**物质**特权："我造了它，它就是我的。"而奥巴马的谦逊则冒犯了这种"**占有式个人主义**"——这是一个源于约翰·洛克（John Locke）的概念，即财产权并非是从某种共同合作、达成协议的过程当中获取的，而是诞生于个体劳动与某种资源的结合。也正是这样的精神滋生了推动着人们去圈地，并持枪保卫以这种方式获得的领土，以防止邻居、国家和土著居民来争抢的开拓者精神。

奥巴马的继任者是个人主义的殿堂级典范。那个曾经由林肯（Lincoln）、罗斯福（Roosevelt）等伟大的政治家所担任的职位，自2017年以来被一个执政资格只存在于他自己想象中的人霸占了。作为国家元首，他不像艾森豪威尔（Eisenhower）、里根（Reagan）或者英国女王那样，能象征一个伟大国家的尊严。对特朗普总统来说，一切都围着"**我**"转。

特朗普是通过电视真人秀节目一举成名的。但他至少真的造了些东西（哪怕并不总是花了钱的）。而**表现式**个人主义连这都做不到：帕丽斯·希尔顿（Paris Hilton）、卡戴珊家族

3

（the Kardashians）、屁弟派（PewDiePie）和詹姆斯·查尔斯（James Charles）*，这些人只需要做他们自己就能闻名天下。还有人一边公开谴责现代商业社会的物质利己主义，一边毫无顾忌地大秀自己的道德优越感。今天，似乎没有哪个名人能够在领取某个奖项时不对摇尾乞怜的观众发表一通居高临下的说教。

在大学里也存在类似的道德优越感，它源自唯能体制（meritocracy）†固有的关于**智力**特权的认识："我很聪明，所以我是正确的。"坚信这一点的人顽固到不仅不想听到异议，还会试图去压制异议。下愚之人不配进行理性讨论，只适合作为人身攻击的对象——他们成了法西斯主义者、恐同者、种族主义者，他们恐惧跨性别人士、否认气候变化。媒体和公共部门的专业人士也有着同样的道德优越感，不过起源不同。从报纸专栏或抗议集会上的强烈愤慨可以看出，对许多人来说，**情绪的强度**是衡量道德价值的标准：我们是对的，因为我们更优秀，而且我们会抓住一切机会告诉你这一点。

这种丑陋的自大、贬损集体以拔高自我，是一种极端精英

---

* 帕丽斯·希尔顿是美国模特，希尔顿集团创始人康拉德·希尔顿（Conrad Hilton）的孙女；卡戴珊家族是美国知名的名媛家族；屁弟派是订阅量超1亿的油管博主，真名叫费利克斯·阿尔维德·乌尔夫·谢尔贝里（Felix Arvid Ulf Kjellberg）；詹姆斯·查尔斯是油管著名美妆博主。——译者注

† 指依据个人能力和成就而非血统、家庭背景、财富和特权来分配社会地位、角色和权力的社会制度。在许多中文译著中，该词在不同语境下被译为"精英政治""贤能统治""优绩主义"等。本书译者认为"唯能体制"更能准确反映本书作者对该术语的阐释，尤其是它在本书特定语境下所表现出来的社会达尔文主义意蕴。——译者注

个人主义的产物，它已经主宰了许多现代政治和文化思想。然而，我们对人类的进化、心理学、人类学和我们这个物种的发展历史了解得越多——现代人已经把这些领域研究得很充分了——就会越清楚，这种个人主义误解了人之所以为人的基础。

人的本性赋予了我们相互影响和共情的独特能力。我们大多不是圣人，但我们大多也不是反社会者。在复杂的现代世界中，如果没有一种高超的相互依存能力，我们必定无法繁荣。更重要的是，如果没有这种能力，我们就永远不会创造出能够实现现代性的那种复杂性。健康的社会是一个由相互的善意、义务感以及协作共事维持起来的庞大网络。有些相互依存关系存在于个体之间，但大多数都涉及群体——公司、地方政府、学校、社区和家庭。这些相互关系大多基于不成文的认知，而非明确的法律约束。

随着时间的推移，这些相互关系的质量将决定我们所处的社会是有活力的，还是因为不和谐而瘫痪的；我们的经济是繁荣的，还是原始落后的——在落后的社会里，人们为了谋生，只能单打独斗地把时间花在寻找食物和获取燃料上。但建立和维持这种相互关系网络的能力是需要培养和孕育的，而那些成功人士对个人利益和自我的过分赞颂恰恰会破坏这种关系。

人类既合作又竞争——这两种能力既具有建设性，又具有破坏性。我们可以建设性地合作，建立复杂的社会经济关系网络，让我们的消费、工作和休闲更有保障，同时在我们身处逆境时提供庇护；或者破坏性地将我们的宗教、政治和经济价值强加给其他群体和国家，窃取他们的资源。我们可以建设性地

竞争，进行经济创新、艺术创新，建设更好更充实的生活；或
者具有破坏性地、为优先获取稀缺资源而你争我抢。在过去的
两个世纪里，以上所有这些事情人类都干过，而且规模前所
未有。

成功的社会持久、繁荣，能满足其公民的需求。它们建立
了将合作和竞争导入建设性途径的制度，以实现复杂的普惠目
标；它们是多元的，但这种多元化是受约束、有规矩的。正如
奥巴马解释的那样，"如果我们获得了成功，那么这种成功不
仅是因为我们个人的主观能动性和进取精神，更是因为我们大
家的共同努力"。

本书描述了个人主义思想的两个分支，一个是由经济学家
推动的，另一个是由法律人推动的。前者维护基于个人努力而
获取的财产权主张，也就是**占有式个人主义**，它在伦理上被**市
场原教旨主义**证成；所谓市场原教旨主义，即主张对金融家和
商人处置财产的自由施加尽可能少的限制，以实现经济繁荣。
这无疑是给有钱人的一份大礼。

"我要说一句，贪婪不是错，对此大家要清楚。我认为贪
婪是有益的。你可以很贪婪，同时依然自我感觉良好。"[6]这
是伊万·博斯基（Ivan Boesky）1986年在伯克利对MBA新
生说的话。他后来因内幕交易被定罪。这些话于第二年被迈克
尔·道格拉斯（Michael Douglas）放进了电影《华尔街》（*Wall
Street*）中，并修改演绎为"贪婪很好！"但究竟什么是"好"？
经济学家这个分支认为，判断社会行为的结果好坏的标准，是
功利型个人主义的相关主张，即公共利益是个人利益的总和。

　　另一个由法律人推动的个人主义思想分支，是建立在权利主张之上的："我的权利！"这是给那些自己想要特权、但又不想对他人承担义务的人的礼物。美国和法国的大革命都曾强调权利——想想美国《独立宣言》里那些不言而喻的真理，想想法国人"**自由、平等、博爱**"的政治呐喊。现代权利文化的兴起始于联合国 1948 年颁布的《世界人权宣言》（Universal Declaration of Human Rights）。人对权利的主张在那之后发生了急剧转变。自以为是的人权活动家与现任美国总统都喜好**表现式个人主义**，他们为了维护自我，不惜以牺牲家庭、邻居、同事和同胞的认同为代价。这些人士只认可由他们的同类组成的群体；在这些群体中，自我表达是具有表演性质的，例如抗议和愤怒，其质量取决于激情的强度而不是知识的深度。顶尖大学里与时俱进的学生们和现任美国总统竟然都认为自己是受害者，这让人难以置信：前者声称受到了白人男性特权的压迫，后者认为自己因为莫须有的罪名被迫害，遭受着"假新闻"和未遂政变的政治围猎。

　　个人主义思想的这些多重线索既相互关联，又相互独立；人们对其有所取舍，是可能的，也是常见的。杰里米·边沁（Jeremy Bentham）是功利型个人主义最早的支持者之一，其观点也表达得最明确。他认为自然权利纯粹是"无稽之谈"；而权利文化倾向于拒绝结果主义，即功利主义关心的核心问题——实际效果。[7] 对个人主义的追求会引领人们走向许多不同的、有时甚至是不相容的方向。公开捍卫私有财产权并在共和党集会上齐声高唱《我造了它》的市场原教旨主义者，与举着"同性恋骄傲"条幅游行的身份政治狂热者没有什么共同之处。但他们都强调自我，对这两个群体来说，一切都与"**我**"有关。此外，有时候他们会形成一种扭曲的集体，合作的目的是为了干扰或破坏他人；也就是说，某种特定类型的个人主义者会团结在一起，对其他所有人提出要求，比如富人会一起游说政府要求减税，受害者群体的后代们会集体要求赔偿。

与边沁不同，我们不认为这些个人主义思想元素在本质上是荒谬的。但当这些思想被推向极端时，会推动人们过分强调自我，它们的缺陷会变得具有破坏性，它们会把社会极度缩简成有权利的个人和有义务的国家。这既低估了自愿合作活动在社会经济生活中的核心作用，又将难以承受的负担强加给了国家。

我们不认为自由市场能创造出世界上最好的东西，但我们也坚信，国家主导下的经济同样不能。我们认为将基本自由写入法律很重要，但我们也知道，财产权不是一种源自自然法则的权利，而是一个社会建构，它需要被证成、被保护。我们认为，将实现社会和经济愿景阐释为保护人权，反而会破坏社会支持穷人、支持弱势群体所依赖的同理心和团结。

我们应该赞美和保护人们作为个体以及集体之一分子所扮演的角色。人是社会动物，需要归属感和获得他人的好感。现代进化生物学非但无法成为个人主义立场的支撑，反而会颠覆它。主导人类生活的既不是个人，也不是国家，而是一系列的有机体：家庭、朋友、俱乐部、协会、人们购物消费的商家以及为之工作的组织。

人类的交流能力远超其他任何物种。我们用语言技巧进行争辩和讨论、倡议和构建共同义务。我们富有想象力：这种想象力使我们能够换位思考——这是我们产生同理心、形成共情的前提，也是我们确立雄心勃勃的目标、试图创造性地实现这些目标的前提。但由于人类的野心超出了自己的知识范畴，所以我们会经历不确定性。我们能通过相互学习来应对这种不确定性，通过建立集体认知来指导个体成员。这些日积月累的知识孕育了许多智慧，也滋生了一些错误。

经济学奠基人亚当·斯密（Adam Smith）认识到，人类是自私和同理心、抱负和聪明才智、求知和困惑、竞争与合作的复合体，我们的经济行为是在所有这些因素的影响和塑造下完成的。但随着后辈经济学家们不断发展他关于市场的理论，这些关于人的理解被逐渐忽略了。现代人把斯密描绘成了一个自私的个人主义先知，"贪婪很好"这一信条的精神支持者。市场不被视为互惠互利的交换机制，而是人们为追逐个人利益斗智斗勇的战场。政治不被视为一种调解纠纷、以求为所有人寻求良好结果的手段，而是一个高声争论的竞技场，参赛队员有如身处信息茧房，身边都是持有相同观点的人。

现代对个人主义的酷爱将市场和政治视为协调个人利益的两个不相关的机制，市场和政治因此都被轻视了。社群伤痕累累，这些伤疤在我们的政治和国家中显而易见。一种新型政治已经遍布整个发达世界，它靠着抱怨不满而蓬勃发展，一些抱怨是有根据的，还有一些则是想象或人为制造出来的；它表达的怨恨和耀武扬威已经撕裂了社会。控制了左翼和右翼政党的精英激进分子被这些个人主义意识形态所诱惑，摒弃了脚踏实地优先为工人阶级着想的战后政策。

工人阶级选民已经对传统左翼政党失去了信心。1945 年，英国工人阶级选了工党的艾德礼（Attlee）担任首相；1948年，美国工人阶级选了民主党的杜鲁门（Trumen）为总统。2019 年，英国工党不仅失去了唐谷（Don Valley），一个被工党稳稳控制了 100 年的选区，还失去了特伦特河畔斯托克北（Stoke-on-Trent North），一个有史以来从未选出过非工党议员的地方。而这只是众多爆冷中的两个例子。别忘了美国"锈带"上的俄亥俄州、密歇根州和宾夕法尼亚州，那里有许多贫困的地区，却助力特朗普入主了白宫。

但传统右翼政党也有问题，过去有，现在仍然有。20 世纪 80 年代，他们开始信奉市场原教旨主义。这一意识形态与当时大多数选民没有产生共鸣，也不受跟教会和军队关系紧密、抵制社会变革的传统保守派的欢迎。后来，事实证明这种意识形态并不成功也不受欢迎，于是非传统型的、富有魅力和高超沟通技巧的新领导人们抓住了这一重置理念的好时机。有些政客，比如鲍里斯·约翰逊（Boris Johnson）和埃马纽埃尔·马克龙（Emmanuel Macron），他们是聪明人，有改良社会的好点子；但还有唐纳德·特朗普，他为了宣传自己而参选，获得了政策目标不清的惨胜；还有匈牙利的欧尔班·维克托、波兰的雅罗斯瓦夫·卡钦斯基（Jarosław Kaczyński）、奥地利的诺贝特·霍费尔（Norbert Hofer）和意大利的马泰奥·萨尔维尼（Matteo Salvini）等狭隘人物，他们的政策目标又过于简单粗暴了。

有几位现代哲学家曾反对近几年思想潮流对个人主义的强调，他们不认为个人的身份、偏好、权利或义务能与他们所处的特定社会相分离。他们延续亚里士多德的传统，认为个人通过与他人的关系以及对公民美德的贡献来取得成就。个人的道德担当和这个人与他人所形成的联结不是一种负担，而是成就的重要组成部分。

但这些社群主义哲学家对经济学持谨慎态度，他们都认为集体正在被市场的价值观和实践所侵蚀。我们两人既是社群主义者，也是经济学家，并且本书的中心论点就在于调和社群和经济。我们相信成功的企业本身就是一个集体，不认为集体和市场之间有内在的紧张关系：市场只有嵌入社会关系网络中才能有效运作。不少企业口头上认同商业是一种社会机构，比如"高盛的每一名员工都在为我们的客服传统以及公司的道德声誉服务"[8]。但偶尔说说是一回事，现实则是另一回事，就像上头这句话，常常有可能变成某种自我嘲弄。

甚至不只是自我嘲弄。2019 年，由幻想家亚当·诺伊曼（Adam Neumann）创立的办公场所租赁公司 WeWork 开始公开募股。诺伊曼声称要彻底改变人类的工作方式，并说服了他的日本和沙特支持者，将这家新兴公司估值为令人咋舌的 470 亿美元。诺伊曼即 WeWork，WeWork 即诺伊曼：招股说明书中，"集体"这个词被提了 150 次，而诺伊曼本人则被提了 169 次。[9]但 WeWork 又不是诺伊曼。他曾想把"We（我们）"商标卖给他本人控制的公司：于是"We（我们）"这个词属于"Me！

（我！）"了。[10] 这对市场来说太过于贪婪了——他向新投资者
发行股票的行为遭到了应有的嘲笑。但诺伊曼不觉得这过于贪
婪：他的支持者们后悔了，为了让他离开，又给了他 10 多亿
美元。*[11] 诺伊曼把象征"集体"的美德当成了放纵的自我推
销和个人致富的手段。这样的行为里蕴含着一种世界观，但它
已经过时了。

---

* 但此时此刻，软银似乎有可能退出这笔交易。——作者注

第一部分

个人主义的胜利

第二章

个人主义经济学

> 一种受个人贪婪驱动并由大量不同的代理人所控制的经济会是什么样子？最直接的常识性回答有可能是：会乱……但长久以来，人们一直认为另一种完全不同的答案才是正确的。我们想回答"是这样吗？"这一问题，却越发明白可能不是这样的。
>
> ——K. J. 阿罗和 F. H. 哈恩，《完全竞争分析》[*]，1983 年

经济学并不总是在赞美商业的贪婪。在大萧条的不幸影响下，约翰·梅纳德·凯恩斯（John Maynard Keynes）1936 年出版的《就业、利息和货币通论》（*The General Theory of Employment, Interest and Money*）对第二次世界大战后的政府产生了深远的影响。政策制定者们希望确保第一次世界大战

---

* K. J. Arrow and F. H. Hahn, *General Competitive Analysis*. ——译者注

后的失业问题不会重演。凯恩斯主义传递的信息是，充分就业有赖于国家对需求的积极管理，这符合战后政府对国家治理的普遍认知。

　　凯恩斯主义在一段时间内也在学术界占据了主导地位。当我们还是牛津大学的年轻经济学者时，当时的资深教授罗宾·马修斯（Robin Matthews）在 1968 年的一篇文章中提问道："战后英国为何能实现充分就业？"他回答说，这多亏了财政部同事管理需求的手腕。"监管机构"——不是指导者，而是财政手段——授权政府随时适度提高或降低税收以"微调"需求，避免高通货膨胀或高失业率。但马修斯的文章在发表时就已经过时了。[1]

　　到了 20 世纪 70 年代，通货膨胀的加剧、紧缩与扩张政策的周期性交替，揭示了需求管理的局限性。那些从未接受凯恩斯主义的学院派经济学家已经开始在更严谨的理论基础上重建古典经济学思想，而 1973 年石油危机后严重的政策失败使他们的理论在政客和商人群体中吸引了一批现成的听众。有史以来第一次，对政治共识的主要理论挑战不是来自左翼，而是来自右翼。新的理论强有力地要求，在明确财产权的前提下，建立一个基于自由交换的经济制度。这里面有经济上的理由——这种制度能带来高效；这里面还有道德依据——这种制度能带来公正。

　　放在一起来看，这些论点为一种意识形态提供了实用和哲学基础，这种意识形态默许甚至拥抱贪婪作为人类行为的主要动机，认为大多数政策问题都有基于市场的解决方案，而这些解决方案倾向于将监管的程度降至最低。从1989年起，这种意识形态从左翼路线的崩盘中获得了新的力量。柏林墙倒塌，苏联解体，相应的社会和经济显然也随之溃败。随着20世纪接近尾声，市场原教旨主义主导经济政策的大幕已经揭开。

为市场原教旨主义驾辕的是"经济人"，一个乏味的、只对经济利益有反应的动物。他贪婪、自私，甚至可能懒惰，是**占有式个人主义**的典范；同时他也很聪明，什么都知道。用一些经济学家的话说，他"掌握和理解世界的运作模型"。该模型表明，个人的贪婪可以被神奇的市场所利用，以最大限度地发挥经济潜力（我们将在本章附录中更详细地描述这种模型的原则）。正如阿罗（Arrow）和哈恩（Hahn）所描述的那样，对这类模型的正确理解，不仅能帮助我们了解市场的局限，也能帮助我们掌握市场的优势。

对于右翼人士来说，这些个人主义经济学理念为撒切尔（Thatcher）、里根的崛起所引发的政治和经济学革命提供了思想基础。当然，大多数市场原教旨主义的倡导者并非通过仔细研读理论经济学家复杂的数学论证或法学家冗长的论述才得出这一结论的，他们无非是充分认识到了市场原教旨主义原则的应用对自己的潜在好处。然而，学术界（起码其中一部分人）比以往任何时候都更亲近商业和金融界。也许这群富人第一次认识到，对学术研究的大力推广，包括那些相当深奥的研究，对他们是可能有好处的。于是，他们开始资助成立新的智库，而本来这种实体在历史上大多都被视为左

派之物。*在英国，经济事务研究所率先成立，成为英国促进
自由市场思想的先驱，美国企业研究所和美国传统基金会等机
构随即步其后尘。

随着资金越发充足，这些经济学家们坚定前行，不断提出
新的见解：人类不仅在**经济**行为上是自私的，在生活的方方面
面都是自私的。对加里·贝克尔（Gary Becker）来说，"人类
行为可以被视为行为人使其稳定的偏好最大化地发挥效用，并
在各种市场中获取最佳数量的信息及其他投入。如果这一观点
是正确的，那么经济学方法就为理解人类行为提供了一个统一
的框架，这是长期以来边沁、孔德（Comte）、马克思（Marx）
等人一直在寻求却未能实现的成就"。[2] 这确实是一个雄心勃
勃的断言。将经济学分析扩展到人类生活的各个方面，会导致
一些惊人的见解，比如下面这个关于交换圣诞礼物的分析：因
为买家花费在购买礼物上的钱，通常高于收礼人本人愿意支付
16 的价格，因此圣诞节送礼是一种降低效用的过时习俗。[3] 1992
年，贝克尔因为"将微观经济学分析扩展及应用到了广泛的人
类行为和互动上"而获得诺贝尔经济学奖。[4] 颁奖词所言不差，
如果边沁、孔德和马克思还在世，定会感到钦佩，但他们恐怕
也会琢磨：这样的扩展应用到底在多大程度上洞见了人类的行

---

* 费边社于 1884 年在英国成立，其建社元老及核心人物是早期社会主义权威悉
  尼·韦伯（Sydney Webb）和比阿特丽斯·韦伯（Beatrice Webb）夫妇、萧伯纳
  （Bernard Shaw）和 H. G. 威尔斯（H. G. Wells）。它以罗马将军法比乌斯（Fabius）
  的名字命名，这位将军偏爱缓进待机的战术，而非正面进攻。"智库"一词似
  乎原本是用来描述类似兰德公司那样的独立研究机构的，但现在大多有政治解
  释。——作者注

为和互动？

　　总还是有一些东西是金钱买不到的，而这让人们**争论不休**。比如人体器官。一些市场原教旨主义的极端拥趸就质疑过，为什么市场上没有这种商品？还有，被政府特许的市场又该怎么说？是否有防止这种市场出现的措施，是衡量一个社会的功能正常与否的关键指标之一。在功能失常的社会，如果被警察拦截，你只能花钱消灾；在功能正常的社会，你如果胆敢给警察塞钱，会立即遭到逮捕。1874 年，一份请说客有偿游说国会的合同，被美国最高法院认定为目的非法，说客要求强制付款的请求被驳回。斯韦恩大法官（Justice Swayne）在判词中掷地有声地宣告："如果有任何一家实力强大的公司去雇佣投机分子，帮助它想方设法将私人利益写进国家法律，只要是正直的人，都会本能地谴责雇主和被雇佣者深陷腐败、其行为不知廉耻。"[5] 但我们将在下一章中看到，到了 2010 年，风气已经变了，最高法院的立场也变了。

生意：股东价值的增减

　　"贪婪、懒惰、自私"意味着无论是商业还是政治领袖，都会面临一个问题。他们知道劳动大军应该做什么，因为他们"知道模型"，但既然他们雇佣的人只在乎自身利益最大化，缺乏任何其他内在动力，那就会偷懒、偷窃，甚至做更糟糕的事情。于是，商界开创了一种方法，而且政府也越发频繁地开始模仿：通过激励机制促使员工最大限度地实现量化目标。

首席执行官如何才能让难以驯服的"经济人"为集体的利益服务？新的经济学研究（有的已得到诺贝尔奖的认可）开发了"委托代理理论"作为解决方案：首席执行官需要建立一个监控系统来审查员工的工作表现，并将其与奖惩联系起来，以促使员工们去做组织希望他们做的事情。这种监控下的激励措施会将员工牢牢圈在一个与奖惩相关的审查网络中。

可以想见，金融圈是这种"解决方案"最忠实的追随者：卑微的银行职员被要求依照银行制定的目标销售他们和客户都不理解的产品，而奖金季始终是投资银行家每年最"嗨"的时候。律师事务所和会计师事务所为了寻求创收，也放弃了他们古板的专业精神。大致说来，一个公司首席执行官的身价等于3名顶级律师、7名顶级会计师和大约150名工薪阶层的职员。一种被广泛采用的论功行赏型支付系统——"杀多少吃多少"——反映了人们对以狩猎和采集为主要谋生方式的部落社会的认知。但"杀多少吃多少"的倡导者们误解了狩猎采集社会中的人面对的生活压力。真正的狩猎采集者会知道，通过联合行动和分享猎物，他们不仅能尽量避免食物过剩或饥荒，还能捕获更多东西。在亚当·斯密的时代，卢梭（Rousseau）对此做出了解释：猎人不会"杀多少吃多少"，因为如果单独行动，他们只能逮到野兔；但如果和其他猎人一起打猎，他们就可以捕捉雄鹿。[6] 因此他们会分享猎物，他们的社会规则也更青睐集体而非个体。

商业巨头在现代生活中的举足轻重是一个现实，社会则被认为是独立自主的个体相互交易的平台。人们该如何协调前面这个现实和后面这个干瘪的观念？有两种从根本上相异的方式。一种是把哪怕最庞大的企业个人化。在二战前，伟大的商业领袖们都不是公众人物，比如通用汽车的阿尔弗雷德·斯隆（Alfred Sloan）、帝国化学工业集团的哈利·麦高恩（Harry McGowan）。但20世纪末的商业领袖们，例如比尔·盖茨（Bill Gates）和杰克·韦尔奇（Jack Welch）、李·艾柯卡（Lee Iacocca）和理查德·布兰森（Richard Branson），却成了媒体明星：在商业出版物的页面上，通用电气**就是**韦尔奇，微软**就是**盖茨。

另一种方式从还原主义视角来看待公司：公司只不过是个人利益的代号。在大众层面上看，企业是股东个人利益的代理人，没有道德负担——用米尔顿·弗里德曼（Milton Friedman）那句臭名昭著的话来说："企业的社会责任是利润最大化。"[7] 在学术层面上，公司则被简化为"一张合同网"、一个便利的法律虚拟物，是一系列用以安置投资者、员工、供应商和客户之间关系的私人协议。

市场原教旨主义预测，股东价值的最大化对社会有益，因为只有当企业都急于实现利润最大化，经济才会具有社会效益，而且可别忘了，这对股东们当然也是有利的。但这对负责整个业务日常运营的人，也就是那些自利的首席执行官们而言，却并无实际好处，因为首席执行官对公司业务并不比普通员工更有兴趣，股东们需要用一些方法来激励他们。

比如委托代理理论的进一步应用。由于首席执行官的日常工作细节难以监控，对他的奖励可通过授予股票期权的方式，

与公司在他管理下为股东创造的价值挂钩。只有这样才能确保
首席执行官全心全意服务于股价。在那群设计"长期激励计划"
的"薪酬顾问"的鼓吹下，这为未来30年首席执行官薪酬的
爆炸性增长奠定了基础。这里的"长期"最多可能是三年。

不难想象，大多数商业圈外人士，以及不少圈内人士，
会对这种视商业以追求利润为唯一动机、以贪婪为个体行动
唯一推动力的看法感到十分厌恶。如果这就是商业和商人的
嘴脸，人们就不会希望商业或商人跟他们的学校、医院、供水，
或任何事务有一丝一毫的关联。假如对商人的这番描述是正
确的（有时的确是正确的），那么我们对人们的顾虑表示完全
赞同。

一个"病例"

19   制药业是现代商业杰出的成功案例之一。抗生素、降压药
物、他汀类药物、疫苗等众多产品不仅挽救了数亿人的生命，
还改善了所有人的生活质量，同时也为投资者们赚取了巨额
利润。

乔治·默克（George Merck）在1925—1950年担任其家
族于19世纪创立的德国制药公司的总裁。他曾说："药品是为
人服务的，不是为了利润，这一点我们尽可能铭记于心。利润
当然会随之而来，如果我们心中记着人，就总会有利润；我们
把人记得越牢，利润就越大。"[8] 多年来，默克公司一直位居
《财富》（Fortune）杂志最受尊敬的公司排行榜榜首，也曾作

为成功商业战略的经典案例出现在商业大师吉姆·柯林斯（Jim Collins）于 1994 年出版的《基业长青》（*Built to Last*）中。

强生公司的创始成员 R. W. 约翰逊（R. W. Johnson）撰写的 308 字信条表达了与乔治·默克相似的观点。在商学院里，有一个关于职业道德和企业声誉的经典案例：强生的管理者曾依照公司信条飞速召回最热卖的止疼药"泰诺"，因为该产品在芝加哥某零售店被一个精神错乱者用氰化物污染了。

很长一段时间以来，制药行业跟公众及政府部门之间都有一个隐性契约：企业若想拥有非凡的盈利能力，就得用模范公民的标准要求自己。但那些日子早已过去了。

制药公司面临着来自华尔街的压力，要求他们必须以实际行动表达对股东价值的承诺。市场营销的回报通常立竿见影，而研发的回报往往来得较迟，于是这一点被反映在了行业战略中。默克公司栽跟头了——后来柯林斯于 2009 年出版的《再造卓越》（*How the Mighty Fall*）* 又讲到了这家公司。默克公司推广了一种新的止痛药"万络"，它不仅面向少数能从中获得有针对性疗效的患者，也意在吸引那些原本服用阿司匹林就能见效的患者，但阿司匹林的利润较低。美国法律允许直接向患者兜售处方药，导致"万络"一度成为这类产品中被最为大力推广的药物。但人们很快发现，一些患者的心脏疾病与使用这种药物存在关联。默克公司在经历谴责和诉讼后，不得不下架了该产品。甚至连备受尊敬的强生公司，也因监管机构在其

20

---

* 这本书的英文名直译过来是"巨人如何陨落"，和它的中文版译名出入较大。——译者注

下属的麦克尼尔公司发现了不良行为以及管理层的不当应对措施，声誉受损。

尽管如此，默克公司和强生公司依旧是值得尊敬的企业——在最新的财富榜上，强生公司位列最受尊敬公司的第26位，默克公司位列第49位。[9] 但它们现在是行业里的另类。2008年，迈克尔·皮尔森（Michael Pearson）成为加拿大威朗制药公司的首席执行官，推行了一项新策略。当时，这项策略还没有被业内同行完全接受，是皮尔森率先公开施行的。威朗开始收购已成气候的制药公司，停止了研发，强调市场营销，并大幅度提高有专营权的产品的价格。公司利润和股价对此一度反应良好，皮尔森和其他高管也都得到了相应的回报。一些高层逐渐沉迷于肆无忌惮的贪婪氛围，开始走上欺诈的道路。[10] 当这一切被曝光后，皮尔森被辞退，股价暴跌；公司后来更是改头换面，起了一个和它收购的备受尊重的眼镜供应商"博士伦"相似的名字：博士康。然而，威朗制药却不乏效仿者。美国迈兰制药公司在获得了肾上腺素笔EpiPen®（一种过敏急救药）的专营权后，将其价格提高了六倍。[11] 马丁·施克雷利（Martin Shkreli）管理下的图灵制药公司则把漫天要价这件事做得更为极端，将自1953年以来就一直在市场上的达拉匹林的价格，从原先每片13.50美元，直接上调至750美元。

然而最恶劣的行径是对成瘾性药物的疯狂营销。由萨克勒家族（the Sackler family）私人拥有的普渡制药公司因向美国的小城镇供应阿片类药物而臭名昭著。即使是强生公司也因为在"绝望至死"*现象中承担着相对小的责任而被罚款 5.72 亿美元。[12] 底线在不停地被突破。英瑟斯制药公司为晚期癌症患者开发了一种阿片类药物,这种药物具有高度成瘾性,只不过用在这个群体身上不会引发严重后果。但这个市场具有双重局限性:只有绝症患者会购买,而且他们不会长期消费。英瑟斯的销售主管亚历克·伯拉科夫(Alec Burlakoff)雇用了一名脱衣舞娘来说服医生们向非晚期患者开这种药,这让"卖淫"有了某种双关意义:既卖淫,又卖瘾。一旦上瘾,这些病人就能给英瑟斯带来巨额利润。在接受《金融时报》(*Financial Times*)采访时,伯拉科夫公开承认他没有"道德、伦理和价值观"。[13] 当他意识到可能被起诉,他是这么想的:"不仅公司会被处以天文数字的罚款,这我已经见过不知多少次了。更糟糕的是他们可能会没收**我自己的**钱,这是我从没见过的。"伯拉科夫和他的高管们因有组织诈骗而被定罪,现在正在服刑。这个曾在私营企业和公共利益之间建立起积极关系、被誉为典范的制药业,现在成了人人喊打的过街老鼠。

在客户看来,这些行为损害的不仅仅是行业的合法性,更是行业本身。以股东价值为终极目标的机构,除了薪水外,难以为其员工提供其他任何东西。即使是最尽心尽力的总裁,我们也很难想象他每天早上醒来都会为创造更多股东价值这一目标而感到振奋。威朗、图灵、普渡和英瑟斯都因自己员工的贪婪而遭到了难以弥补的损失。

---

* 指由绝望状态引发的酗酒、吸毒、药物滥用等行为最终致人死亡的情况。——译者注

　　建立在"个体都是自私和贪婪的"这一假设基础上的机构，会发现这个假设会自我实现。被这样的机构吸引的人往往是自私贪婪的，如果奉行不贪婪的行为方式，他们会发现自己毫无优势可言。只有最堕落的人，才可能从民众对阿片类药物上瘾中获得满足感。从事担保债务凭证交易的人，或者律师事务所、投资银行的新人，每天工作 18 个小时做着无关紧要的事情，都难以带来满足感。

　　对商业机构的还原主义解读难以解释那些成功且可持续的现代企业是如何运作的，比如强生公司、默克公司。可这样的解读不仅有影响力，而且有腐蚀性：企业在道德上是卑劣的，而且对此毫无愧疚。这种还原主义思维摒弃了商业机构在民主社会中的唯一合法性基础——他们应该提供社会想要的商品和服务，并为足够多的人提供令人满意、有所收获的就业机会。如果企业没有这样的贡献，我们就无法为弗里德曼声称的"企业的社会责任是从社会中获取尽可能多的利润"所引发的一个合法性问题找到合适的答案："我们凭什么要允许它们这么做？"

政府中的考核

　　如果企业的社会责任是利润最大化，那么政府的社会责任也许就是最大化收入的总和：GDP。*中右翼阵营专注于

---

* GDP 实际上并不是收入的总和，只是接近而已，这些技术性问题很少有人纠结。——作者注

持续增长。2010 年至 2016 年的英国财政大臣乔治·奥斯本（George Osborne）曾夸赞说，经济紧缩和企业减税是英国在七国集团中 GDP 增长最快的原因。这一成就遭到了落后的北方地区选民的非议："那是**你们的** GDP。"[14]信仰市场的中左派阵营也认同经济增长这一目标，前提是所有人都应有机会受益于其潜在利益。因此，首相托尼·布莱尔（Tony Blair）提出的三大首要任务是"教育、教育、教育"，其背后的理念是：要想实现平等，每个人都应享有加入精英阶层的机会。

负责社会公共服务的政府似乎面临着与公司同样的问题。公共部门负责人知道他们的员工应该做什么，但由"经济人"构成的劳动力如何才会照做呢？依照固有的观念，似乎只有一个解决办法，政府官员们也越来越频繁地采用它。在健康、教育和社会服务等公共领域，人们的内在驱动力通常会很强，但难以被监测。为了监视和激励他们，越来越多的公共部门的员工被逐渐改造成了机械行事的自动机，不再是被允许依照自主判断力行事的人。指标无处不在。比如在英国，95% 的急诊病例要在 4 小时内被接诊（！），90% 的急救车要在 8 分钟内到达。实现这些目标是有代价的：自主权的剥夺、员工内在驱动力的丧失，或者员工将全部精力只放在被监测的领域或任务上，以求最大限度获得奖励。

但也许真正需要被激励的，是公共部门的负责人。有人曾建议，新西兰央行行长奖金有多高，应由通货膨胀率有多低来决定。[15]记得在一个有欧洲 11 国幕僚长参加的晚宴上，英国政府内阁秘书长自豪地解释说，不仅监控激励机制已在整个英国公共领域铺开，他本人的收入也由薪酬激励制度决定，数额多少取决于他是否达成由首相亲自评估的目标。或许在这种激励制度下，这位英国内阁秘书长会比在没有监督激励措施的情况下工作更努力、更高效。我们对此表示怀疑。我们甚至怀疑，需要被这种措施激励的人，是不是领导公务员队伍的正确人选。当德国的国务秘书被问及他是否也在类似的制度监督激励下工作时，他简明扼要地回答"当然不是"。

功利个人主义与全球救世主义的兴起

或许，政府的目标不应该是总收入的最大化，而应该是总效用的最大化。功利个人主义的起源是 19 世纪英国哲学家约翰·斯图尔特·密尔（John Stuart Mill）和杰里米·边沁的思想。用边沁的话来说，"最大多数人的最大幸福，就是衡量对与错的标准"。[16] 从那以后，这种思想一直是伦理思想的重要成分。普遍利益是个体利益的总和，这叫**行为功利主义**或**行动功利主义**，它主张每一个行为的好坏都要根据它对普遍利益的影响来判断；与它相对的是**规则功利主义**，在这种功利主义下，我们寻求建构一种能够帮助我们实现普遍利益的社会秩序。因此，善意的谎言符合行为功利主义的要求，却有悖于规则功利主义的理念。但是规则功利主义与上述经济模式有选择性的亲和力：个人应最大化个人的效用，政府应该最大化这些个人效用的总和。

但有些事情是市场做不到的，人们对此有广泛的认同。比如国防，就得依靠公共部门提供；再比如有些人没有谋生能力，需要社会的支持。无论是公共物品或公共劳务的提供，还是对弱势群体的救助，都必须靠税收来支持。但供给的范围和程度该如何确定，应由谁买单？在一个由自治个体组成的世界里回答这类问题，需要政府设法总结出个体对公共供给和救助的立场和偏好。有一篇战后文献试图描述怎样能通过统计个体偏好组装起"社会福利功能"。但有些令人不安的是，一个"不可能定理"显示，没有任何一个统计方式是完全合理的。[17]

比如说，这个统计应该包括谁的偏好？对最坚定的现代功利主义者彼得·辛格（Peter Singer）来说，"我能帮助的是离我10码远的邻居孩子，还是10,000英里外我永远不知其名的孟加拉人，这二者在道德上没有什么区别"。[18]那么尚未出生之人的利益要不要考虑呢？维多利亚时代的功利主义者亨利·西奇威克（Henry Sidgwick）曾问道："当子孙后代的利益与当代人的利益相冲突时，我们该将前者摆在什么位置？一般说来，一个人的幸福值不应受他所生活的时代影响，这似乎显而易见；对于一个功利主义者来说，后来人的利益与他同时代人的利益同样重要。"[19]对凯恩斯那位著名的同事、同时代的弗兰克·拉姆齐（Frank Ramsey）来说，轻视未来"在伦理道德上站不住脚，它源于想象力的匮乏"。[20]辛格后来还提出，动物的福利也必须被考虑进来。因而，严格的功利主义可能意味着，我们需要为之做出奉献的生命存在——无论现在的还是将来的——变得无限多了。

关于"政府究竟应该最大化什么"，有人给出了这样一个

答案：在未来无论何时何地可能在地球上出生的所有人的效益
的总和。这在理论上当然可能是个庞大的数目。在审视气候变
化的影响时，人们就非常严肃认真地进行了这类计算。

全球救世主义影响了实际的政策制定：公民和非公民的效
用没有任何区别，因而在高级公务员眼中，移民会增加这些效
用的总和。一位财政部官员曾告诉我们："移民对每个人都有利，
这么说是有好处的，哪怕事实不是这样也没关系。"

戴维·古德哈特（David Goodhart）描述了一位英国最高
级公务员的言行，就是之前提到的在薪酬激励制度下工作的那
位，他说："我认为我工作的目的是为了最大化全球福利，而
不只是国家福利。"说完，他转向 BBC 的总裁，总裁同意他的
观点。[21] 然而，我们十分怀疑他能否在普通英国民众中获得
类似的认同。许多民众会同情远在千里以外的孟加拉人的困境，
会以一笔数额不大的捐款帮助赈济那里的饥荒；但这些人大多
也会认为，如果说自己邻居的孩子无权获得比孟加拉人更多的
关怀和帮助，那是非常可笑的。无论在英国还是在孟加拉国，
所有人都会就自己对他人承担的义务予以区分，会优先考虑已
获认可的相互关系。我们会将最理所应当、最慷慨的帮助给予
朋友和家人，其次会向邻居和更广泛的人群提供帮助。我们的
责任感随着时空距离的增加而递减，随着得到认可的互助关系
转变为无回报的利他主义而改变。是相互承担义务的意识体现
了人类所固有的趋社会性，而不是什么全球救世主义。

因此，支持全球救世主义的公务员和政客们面临着一个问
题。政客们欠选民的人情，而比起那些未来的移民和不知姓名

的孟加拉人尚未出生的曾孙们，选民们更关心自己、家人和邻居。他们不会投票支持全球救世主义，也不会支持基于这一设想的对外援助、移民和气候政策。

当普通选民意识到政府优先关注的道德价值与他们自己的不同时，他们对政府的信任就会逐渐削弱。如果国家公务员制度和BBC的负责人都乐于为全球福利牺牲国家福利的话，如果财政部的官员认为为了这样的目的而撒谎没有问题的话，随之而来的选民反抗将不足为奇。

附录
市场原教旨主义：基本经济模式

自第二次世界大战以来，大多数经济模型都是基于个人会根据自己的偏好进行理性选择这一假设，其框架由保罗·萨缪尔森（Paul Samuelson）最为完整地提出，后来弗里德曼和萨维奇（Savage）又把它延伸为不确定条件下的个人选择。这些模型构成了阿罗和德布鲁（Debrew）所描述的完全竞争市场均衡的基础。[22] 这一细致的数学分析表明，不协调不一致的个人决策仍然可以产生集体一致的结果，这一发现可能体现了经济学最深刻的洞察力。

一开始，所谓理性选择仅仅意味着这些个人偏好的一贯性——今天我在最喜欢的餐厅选择了法式黑椒牛排，如果我下周再来，我还会再选择一次。一贯性使利他主义成为可能，尽管有些愚蠢：我的慷慨所产生的温暖感觉最大化了我的效用。

由于这种论点或多或少可以解释任何行为，它就几乎什么也解释不了：即使我在餐厅选择了另一款菜品，那也一定是因为我的个人喜好是多样的；如果我不再给慈善机构邮寄支票也还是因为我有我自己的偏好——确切地说，就是我的善举发生了边际收益递减（而我不希望它发生）。

显然，我所做之事必须能使我的效用最大化，否则我就不会去做——这一主张不仅不能解释我做过的事情，更无法预测我将来可能会做什么。因此，在实际应用中，效用最大化有更具体的意思：人们对经济激励有反应。此时**占有式个人主义**上场了："经济人"是贪婪和自私的。还有懒惰。勤奋反倒会降低效用。

在这种体系下，自愿合作派不上用场：所有的关系都是交易。但正如阿罗和哈恩认识到的那样，虽然自私的世界满是令人沮丧的灰暗勾当，但分析这种经济模型的运作却能得出相反的结论。如果以足够多的假设条件、包括一些不真实和虚构的条件为前提的话，对由市场激发的自私自利所进行的经济学分析表明，个人贪婪确能产生高效的结果。

经济的所有生产潜力都将被发掘，再没有什么机会可以让人利己又不损人了。贪婪很好，因为它驱使人们最大限度地去发挥这种潜力。詹森（Jensen）和梅克林（Meckling）等金融经济学家，以及伊斯特布鲁克（Easterbrook）和菲谢尔（Fischel）等法律学者，在描述商业合作时都采用了理性选择作为理论前提。[23] 这一系列模型在过去的 50 年里对经济学和政治学的影响，怎么说也不过分。

　　"经济人"还需要应对复杂世界的不确定性。但这也有一个解决办法。一切要么是可知的，要么是不可知的。"经济人"知道所有可知的东西，因此他不会犯系统性错误，只会抱有"理性的期望"——他"知道模型"。正如该观点的提出者之一托马斯·萨金特（Thomas Sargent）解释的那样："世上存在着一种'模型共有制'，模型中的所有主体、计量经济学家和上帝，都在分享它。"[24] 可知之事人人得而知之。

　　尽管"经济人""知道模型"，但他可能不时会被未知的东西扰乱："转变"或"冲击"——诸如恐龙被小行星灭绝、银行在 2008 年全球金融危机中崩溃。这个模型通常运转得很好；它一旦运转不畅，人们就会知道经济因转变或冲击而受损了。经济学圈外的人很难相信，这一发现会被授予诺贝尔奖，类似的模型至今仍在被教授和继续开发。还有，既然未知的一切都不可知，那就意味着我们不仅会试图最大限度地实现自身利益，我们还知道该怎么做。这个模型告诉我们，从总体上来看，这些决定能最大限度地实现社会福利。我们不仅会最大化全球福利，我们还知道如何能做到这一点，直到下一次冲击到来。

　　"我们知道这个模型"的设想引发了一些灾难性后果，教 28 会了一些相信它的人什么叫谦逊，尽管有些迟了。"我犯了一个错误，我假设机构——特别是银行这种机构——其自身利益在于它们最能保护公司的股东和股权。我在这一模型中发现了一个缺陷，而我却一度认为这个模型是决定世界如何运作的关键结构。"[25] 这是美联储主席艾伦·格林斯潘（Alan Greenspan）的忏悔，虽然有点太晚了，但起码他承认了这个错误。另一些人则认为，这场危机*只是一次突如其来的"冲击"，没有必要就未能预见到的、理解不透彻的证券产品贸易的爆炸性增长造成的后果道歉。市场原教旨主义在思维上如此封闭，以至于在全球金融危机后，竟然还有人信奉它。我们一直弄不清楚，其支持者究竟是预测到了这场危机，还是证明了这种事情无法预测。但人们似乎都倾向于后者。

从本质上说，"经济人"的活动创造了市场效率这一定理描述的其实是：在什么样的条件下，一个由反社会者构成的社会能够正常运转。由于这些条件很少能得到满足——阿罗和哈恩曾正确地提出，我们从这些模型中既能了解到市场在什么情况下无法很好地运作，也能了解到它什么时候能很好地运作——竞争均衡分析的那种理想效率从未存在过，也永远不会存在。但幸运的是，我们不需要这些条件得到满足，因为大多数人都不是反社会者。

---

*　指 2008—2009 年的全球金融危机。在这场危机发生之后，2008 年 10 月 28 日，美国国会就联邦金融调控机构在这场经济危机中起了何种作用召开了一场听证会，格林斯潘就是在这场听证会上承认了他的错误。——译者注

第三章

权利

> 义务的概念先于权利，权利从属于并相对于前者。
>
> ——西蒙娜·薇依，《扎根：人类责任宣言绪论》*，1949 年

　　随着苏联的解体和东欧社会主义阵营的崩溃——而资本主义还活得好好的——政治左派在它自己的个人主义思想模式中找到了安慰。受益于唯能体制的新兴阶层逐渐抛弃了"社会团结"这种话语，拥抱了个人权利和个人身份的概念。各派政客和政策制定者都认为个人和国家是最主要的经济主体，但对他们的相对力量存在分歧。这两个阵营都认为，定义和维护权利是国家的主要职能，确定权利的范畴是政治辩论的主要焦点。对其中一个阵营来说，财产权是核心；另一个阵营则更重视人权和社会权利。

---

* Simone Weil, *L'enracinement: Prélude à une déclaration des devoirs envers l'être humain.* ——译者注

　　约翰·罗尔斯（John Rawls）1971 年出版的《正义论》（*A Theory of Justice*），是过去 50 年里最有影响力的政治哲学著作。他在霍布斯（Hobbes）和洛克早已确立的社会契约理论中找到了灵感，探讨如果自利的人们不知道自己在新生的社会中占据什么地位时，他们会接受什么样的经济和政治安排。罗尔斯拒绝接受功利主义，因为它没有"认真对待个体的多元性和独特性"。[1] "每个人都有建立在正义基础上的不可侵犯性，即使是为了整个社会的福祉，也不可将其推翻。因此，牺牲一些人的自由，而使另一些人获得更大的利益，依照正义理念，是不具正当性的。"[2] 他所描述的世界由个人和国家构成。他认为平等主义的后果会得到那些担心自己将在社会中处境不利的人的支持。1999 年，克林顿总统（President Clinton）授予罗尔斯国家艺术和人文勋章，赞扬他"帮助了整整一代受过教育的美国人恢复了对民主的信仰"。[3] 罗尔斯似乎调和了公平与个人主义，正义与自由。

　　如果罗尔斯是民主左派的政治哲学家，他的哈佛同事罗伯特·诺齐克（Robert Nozick）则是支持自由意志主义的右翼政治哲学家。在 1974 年出版的《无政府、国家与乌托邦》（*Anarchy, State and Utopia*）中，诺齐克主张个人之间商品和服务自由交换的必要公平。我们之前说过，前一章所述的经济模型给市场原教旨主义提供了一个关于效率的论据；诺齐克则进一步提供了一个基于正义的论据。产权初始分配中的公平性与自愿交换的结合，确保了市场结果的公正性。威尔特·张伯伦（Wilt Chamberlain，诺齐克写作该书时的美国顶尖篮球运动员）的高收入是正当的，考虑到公平的初始分配，每个人都认为花钱看张伯伦进球是值得的。诺齐克明确否认了除个人之外的任何主体："根本不存在牺牲自身利益的**社会整体**。只有个人，不同的个人，有各自生活的个人。"[4] 这与玛格丽特·撒切尔之后发表的"没有社会这种东西"的论调有明显的共鸣。

弗里德曼宣称的"企业的社会责任是利润最大化"，其立论基础是股东作为所有者对其财产权的道义主张，而不是此举能够"影响公司效率，从而促进普遍利益"的经济观点，这也许出人意料。因此，市场原教旨主义是以占有式个人主义为逻辑起点，并声称从功利个人主义和权利个人主义中获得了理论力量。自由放任的市场不仅会促进最普遍人群的最大利益，这种制度——也只有这种制度——还能保护正当权利资格。

财产权的起源

诺齐克的正义论以既往权利为基础，该权利来自正当的非强制获取、正当的自愿转让，或来自对不正当转让的补偿或归还。但到底什么算是"正当获取"？诺齐克没有多说。

卢梭对此倒是有所阐述："公民社会的真正奠基者是这样一个人，他在一块地的周围竖起围栏后宣告'这是我的'，头脑简单的大众居然信以为真。如果有人能勇敢地拔出围栏木桩，人类将免除多少罪行、战争、谋杀、恐怖和不幸啊！"[5] 这就是占有式个人主义导致的恐怖和不幸。

但卢梭在攻击这种拥有土地的权利时，立足点是有问题的。

领土概念并非现代人的发明，保护个人和群体的领土权利也不
是现代国家的产物。许多动物和鸟类都具有领土性，无论是以
个体的身份，还是作为集体的一分子，都会捍卫自己的领土"权
利"。现代经济生活的独特之处并不在于拥有领土或地盘，而
在于社会在领土概念以外发明的各种经济权利。不谈圈地，什
么算是"正当的获取"？

　　杰夫·贝索斯（Jeff Bezos）之所以是世界首富，是因为
公司法不仅赋予了企业创始人无限期分享企业盈利的权利，还
建立了向投资者出售这些权利的机制，并给予这些机制法律保
护。这种安排说不上什么正当，但它不仅是贝索斯的财富之
源，也是世界上各种富豪榜上的常客的财富之源：他们有的是
企业创始人，如贝尔纳·阿尔诺（Bernard Arnault）、马克·扎
克伯格（Mark Zuckerberg）；有的是企业创始人的后代，比
如山姆·沃尔顿（Sam Walton）的子女。格罗夫纳家族（the
Grosvenor family）和卡多根家族（the Cadogan family）的先
人们幸运地圈对了地方，使得他们的后人成了今天伦敦富人区
梅费尔和贝尔戈维亚的拥有者。但他们是特例，不是通则。

　　这种获取财富的方式适用于英国、美国、西欧及亚洲部分
地区，在其他地方则比较少见。生活在沙漠、永冻层、南非大
草原上的人曾经毫无希望，直到另一些人发现了石油、黄金或
其他有价值的资源。还有的人得以致富，是因为意识到了一个
大数的极小份额就是一大笔钱——卡迪夫（Cardiff）码头的煤
炭装载费使布特家族（the Bute family）成为 19 世纪英国最富
有的家族之一；MS-DOS 操作系统的使用许可让比尔·盖茨成

了金融明星；价值数十亿美元的收购项目的咨询费，让投资银行家们得以提前开启奢侈的退休生活。

今天，知识产权已成为又一种有利可图的产权形式，且受益与否几乎是随机的——MS-DOS系统受版权保护，图形用户界面却不受保护；抗溃疡药一直是制药行业最暴利的产品之一，但发现大剂量抗生素就能迅速并永久治愈多种溃疡的人，虽然能拿到诺贝尔奖，却无从获取巨额经济利益。此外，"We"商标的价值，比相对论的发明者、DNA的破解者和互联网的发明人的收益都要高。这就是为何围绕知识产权进行游说和诉讼，已不出所料地成了一项重要的商业活动。

财产权大多是社会建构物，设计和保护财产权是政治制度的主要功能之一，其有效性是经济繁荣的关键。加勒特·哈丁（Garrett Hardin）关于"公地悲剧"的著名论述，讲的是卢梭所描述的围栏圈地之前的状态，细述了自私的人们为追求不受约束的私利，最终导致公共资源的衰败枯竭。[6] 但后来埃莉诺·奥斯特罗姆（Elinor Ostrom）向人们展示了，小型传统社会在构建社会规范规则以避免这些问题方面是非常富有创造性的，她也因此获得了诺贝尔经济学奖。

安全、合法的财产权——没有合法性也就没有安全性——对繁荣经济体的运作至关重要。但世界上有各种各样的产权制度，无论从公正的角度还是从效率的角度，它们都是不一样的。现代产权制度的发展，似乎更多地归功于历史的意外和企业的游说，而并非受了什么根本准则的影响。如果一种版权制度的设置初衷是国家要控制煽动性文学，那么它不一定适合智能手

机应用程序的设计者。将著作权的保护期限延长至作者去世后
70年，并没有增强文学创作者的积极性——如果我们俩的经
验可以作为判断依据的话——但它对迪士尼公司继续从利润丰
厚的米老鼠特许经营权中获利倒有很大帮助。公司法有许多可
能的结构，有许多组织金融市场的方式，也有许多支付矿区使
用费的方式。那些对收入和财富不平等感到担忧的人，应该多
去关注这些导致不平等的深层原因。

人权革命

　　广受赞美的《世界人权宣言》是第二次世界大战的产物，
由埃莉诺·罗斯福（Eleanor Roosevelt）积极推动，希望建立
一个更美好的世界。它主张并定义了30项"基本权利"。[7] 前
21项是公民权利和政治权利，这些主要是**消极**权利，比如不
受任意拘押或逮捕的权利。其余的9项是社会和经济权利。第
25条第1款写道："人人有权享受为维持他本人和家人的健康
和福利所需的生活水准，包括食物、衣着、住房、医疗以及必
要的社会服务；在失业、疾病、残疾、守寡、衰老或其他不能
控制的情况下丧失谋生能力时，有权享受保障。"第26条第1
款规定："人人都有受教育的权利。教育应当免费，至少在初
级阶段应如此。初级教育应属义务性质。技术和职业教育应普
遍设立。高等教育应根据成绩对一切人平等开放。"

　　这份联合国《宣言》对随后的政策和理念影响巨大，而这
些影响并非都是正面积极的，有些在当时也未能预见。有的权

利只有在将义务强加给他人时，才具有实际意义。《宣言》中的公民权利和政治权利主要是相对于**国家**的**个人**权利，要求国家未经正当程序不得实行政治审查和监禁。但经济权利等积极权利该如何解读？如果人人都有接受免费教育的权利，谁来承担提供教育并支付费用的义务？这个问题的唯一答案似乎是"国家"。《宣言》起草者的意思显然不是我能随便敲一个朋友的门（更不要说陌生人了），然后说我是来行使我的住房权利的。如果这真是他们的意思，他们很快就会发现，这种权利不会有政治上的支持，而且主张这种权利会打击许多人自愿向有需要的朋友提供住房的意愿。

也就是说，主张个人权利或者说个人资格可能会破坏团结互助；合法权利的存在，无论这些权利是否得到有效的尊重和保护，都削弱了道德义务的力量。"这是政府该做的。""社会福利部门怎么不做点什么？"——这样的语言掏空了社群和集体，削弱了除个人和国家以外的任何实体所能起的作用。从历史上看，除国家外的诸多实体都曾积极参与提供教育、医疗保健、住房，帮助实现《宣言》中列出的许多其他经济目标。可今天它们的作用减弱了。国家当然是必要的：它在满足社会需求方面发挥着重要作用。但它的目标应该是补充、规范其他形式的服务供给，而不是取代它们。

人权和财产权之间的区别也被忽略了。2010年，在"联合公民诉联邦选举委员会"一案中，美国最高法院裁定，对公司进行政治捐款的权利施加任何限制都是违宪的。言论自由权包括将自己的意见卖给出价最高者的权利，这也意味着出价最

35　高的人有购买它的权利。也许"一人一票"应该改成"一美元一票"。再也没有什么是金钱买不到的了，现实再也不像斯韦恩大法官在 1874 年所想的那样，披头士在 20 世纪 60 年代所唱的那样，或者道德哲学家迈克尔·桑德尔（Michael Sandel）一直主张的那样。我们后面会探讨桑德尔的作品。

直到反性骚扰的"#MeToo"运动重申了常识：不受性骚扰的权利就是不受性骚扰的权利。句号。它不是一种可交易的财产，不是说被性骚扰的人有权得到适当的金钱或非金钱的补偿。

权利话语

"权利话语"一词是由法学家玛丽·安·格伦顿（Mary Ann Glendon）推广起来的。她以这个词为书名写了一本书，其副书名"政治话语的贫穷"强调了"权利话语"的流行产生的另一个后果。也许权利从来都不是绝对的——就像大法官奥利弗·温德尔·霍姆斯（Justice Oliver Wendell Holmes）在那场著名的判决里说的那样，言论自由不意味着你有权利在坐满人的剧院里高喊"着火了！"（这个案子可谓臭名昭著，因为法院认为言论自由的范围比这要狭窄得多）。[8] 但即使权利不是绝对的，人们也还是想通过它们建立一个强有力的假设，也就是法哲学家罗纳德·德沃金（Ronald Dworkin）所说的：权利是王牌。[9]

但我们如何能够确定权利是否存在呢？最早关于"自然"

权利的声明出现在美国独立战争和法国大革命中。一个潜在的问题很快就显现出来了：对杰斐逊（Jefferson）、富兰克林（Franklin）和亚当斯（Adams）等男性来说不言而喻的权利，对女性、国王乔治三世、奴隶或奴隶主来说并不一定如此。就像边沁认为自然权利是"高高在上的谬论"，现代人阿拉斯戴尔·麦金太尔（Alasdair MacIntyre，我们在之后的章节中会回到他的思想上来）认为，相信有自然权利这回事，就如同相信有女巫和独角兽。[10] 人不是通过谈判获取权利的，人直接宣称自己有权利。如果这项权利被否认或有争议，人的反应是更大声地叫喊，或者就像在美国独立战争、法国大革命以及美国内战中发生的那样：诉诸武力。

如果不同权利发生冲突怎么办？盎格鲁—撒克逊世界的对抗性法律程序在本质上是二元的：有赢家有输家，权利要么存在，要么不存在。在美国，关于堕胎的两极化争论要人们在"生命权"和"选择权"之间二选一。格伦顿是一个保守的天主教教徒，对她来说"生命权"是具有排他性的优先项；这引起了特朗普的注意，他做了一件激怒众多美国女性的事情——将格伦顿任命为一个国际人权委员会的主席。但我们究竟应该如何解决类似"生命权"和"选择权"之间的冲突问题？从根本上说，哪方该赢似乎取决于谁能更有力地主张权利。在美国关于堕胎的辩论中，激烈的呐喊有时会转变成暴力。自最高法院在"罗伊诉韦德案"中让人难以置信地从**隐私**权中推断出了**选择**权，50 年过去了，但争论依旧激烈。与之形成对比的是大多数欧洲国家的立场，即寻求折中的、为公众所广泛接受的妥协。

36

携带武器的权利是否包括使用自动步枪的权利？言论自由在多大程度上是可对《每日邮报》(*Daily Mail*)、大学、脸书和推特等私人实体强制执行的权利？免遭任意羁押的权利如何与保护公众免受激进分子恶意侵害的需要相协调？具体在什么情况下逮捕或羁押算是**任意**的？所有这些问题，如果不考虑其实际背景和具体语境，就都无法回答。对这些问题的答案，也一定会存在合理的分歧，无论是关于后果，还是我们应从这些问题中得出什么结论。任何一个民主社会，都应该并且能够通过对这些问题的探讨，寻求并实现一定程度的契合和一致性，哪怕不可能让所有人都感到完全满意。但极端个人主义的强势，让这种谈判和调解的过程难以管理。

第四章

从公民权利到身份表达

> 我们是自己公司的首席执行官。"我"股份有限公司
> ……我们最重要的工作是成为"你"品牌的营销负责人。
>
> ——汤姆·彼得斯，快速公司[*]，1997 年

对战后美国产生了深远影响的民权运动，表达的是对平等公民身份的诉求。马丁·路德·金（Martin Luther King）的演讲、那些勇敢反抗残暴政权的黑人和白人，以及林登·约翰逊的政治技巧，在美国社会引发了一场革命。民权运动虽然并没有彻底终结种族主义，但 2008 年第一位黑人美国总统的诞生无疑是它的顶峰——所有美国人都是平等的公民，没有比这更确凿的证据了。这场运动是建设美国社会的决定性一役，并不是个人主义的序幕。

---

* Tom Peters, Fast Company. ——译者注

但这个社会总能感受到其他许多方面的发展所带来的压力。美国最高法院大法官安东尼·肯尼迪（Justice Anthony Kennedy）在"美国女性健康协会诉凯西案"[1]的判词中，有这样引人注目、广被引用的一句："自由的核心是自己定义存在、意义、宇宙和人生奥秘的权利。"这种观点有一种浅表的吸引力，但它和"人是集体一分子"的定位存在对立，否认了个人身份是从他们生活的社会背景中获得的，比如迈克尔·沃尔泽（Michael Walzer）描述过的"厚文化"[2]，还有迈克尔·桑德尔的"嵌入式自我"。我们会在后面的章节中回到这二位思想家和这些概念上来。

1963年，政治哲学家肯尼思·米诺格（Kenneth Minogue）提出了"退休了的圣乔治"这一隐喻。[3]这位圣人杀死了要求活人祭祀、危及年轻公主生命的恶龙，却不打算放下剑，而是去杀越来越小的，甚至是编造出来的、并不存在的龙。显然，米诺格预见到了，战后形成的团结互助关系，在取得早期的成功后，会引发什么后果。

尤其，民权运动的成功给一拨又一拨社会自由主义的支持者提供了榜样，女权主义者、残疾人权利积极分子、同性恋者纷纷加以效仿。权利是他们表达主张的语言、他们诉求的核心。然而，将这些社会运动跟民权运动作类比就有些牵强了。这些社会运动试图重新定义传统性别角色，确保残疾人能享用更好的设施，建立起包容和接纳多样性取向的普遍认知。这些都是令人钦佩的目标——但用权利的语言来阐述这些诉求，显得过分强硬和激烈，会破坏团结互助的精神和理念。

非裔美国人的公民基本权利曾经被压制，他们在平权运动中争取的权利是他们作为公民的固有权利。相比之下，如果我们帮助一个盲人登上火车，我们这样做不是因为那个人有权利或我们有相应的义务，而是因为任何正派的人在同样的情况下都会这样做。并且我们确信，如果我们自己是盲人，我们的大多数同胞会为我们做同样的事情，哪怕这并不是我们选择帮助他人的原因。而如果那个盲人站在月台上高声主张他的权利，我们的反应恐怕会很不一样。

相互冲突的权利主张

从 20 世纪到 21 世纪，圣乔治又杀了很多龙。代表性少数群体的字母词 LGBTQ 以一个"＋"结尾，意味着可能会有更多的群体进一步主张更多的权利。但正如我们在前文已经指出了的，面对不相容的、相互冲突的权利主张，权利话语会遭遇困境。

有一件事在今天看来难以置信：在 1974 年到 1984 年，"恋童癖信息交换"平台在英国公开做广告，并宣称儿童有发生性行为、包括与年龄大得多的男人发生性行为的"权利"。这个平台与全国公民自由委员会，以及其他几个以社会自由主义目标为宗旨的组织有关联。我们和生活在 2020 年的几乎所有人一样，憎恨恋童癖。我们坚决否认儿童有发生性行为的"权利"，因为我们有压倒性的证据证明性虐待对年轻人长期心理健康的破坏性影响，也因为孩子在面对为了满足私欲而花言巧语的成

39

年人时，就算同意了，也是没有意义的。

权利冲突在今天的一个重要战场是妇女权利与变性者权利互不相容。在这场辩论中，几乎没有任何内容适用于权利的论证。人们用来质疑年幼的孩子有"性同意"权利的理由，也可以用来质疑年幼的孩子有选择自己性别的权利。我们在之后的内容中会提到，几乎所有的社会都有一些正式的仪式，来纪念青少年被认定为可以获得成年公民的权利和义务的时刻。

慈善机构"美人鱼"声称："根据2010年的《平等法案》（Equality Act），任何年轻人无论年龄多大，无论医疗诊断或干预的结论是什么，都有权利被按照他们真正的性别来称呼。'美人鱼'可以协助学校帮助孩子实现性别转变。"[4] 显然，所谓"真正的性别"，意思是孩子想是什么性别，就是什么性别。我们并不怀疑，在有些情况下，人们应该帮助孩子改变性别。我们也可以想象，在其中的某些情形中，"美人鱼"这种机构的经验可能是很有用的。但我们只举一个例子：保罗有一个年幼的女儿，她前不久经历了一个坚持要在学校里穿男孩衣服的阶段，她的父母欣然同意了。但她在家里的表现始终是个典型的女孩，并且现在已经恢复穿裙子上学了。未来的一切都是非常不确定的，谁知道她18岁时会想要什么？但我们觉得她很幸运，因为没有老师鼓励她去寻求"美人鱼"的建议。性别焦虑者因为在心理上无法接受自身的生理性别而主张认同另一种性别，关于这一症状的治疗方法（如果真有治疗方法），任何判断和决定都会是艰难的，相关建议必须得有证据支持，证据得建立在医疗干预对变性者身心健康的长期影响之上；选择变性的年轻人必须达到特定的年龄，被认定为有能力对相关重要事项做出判断；相互冲突的"权利"主张不是有效证据。

"权利话语"会导致政治对话逐渐枯竭，因为它喜欢咄咄逼人，不喜欢实用主义或妥协。它认为无论是经济目标还是社会目标，推进和实现它的方法，都是"发现"一个对应这种目标的"权利"。近几十年来，许多个人和组织都发现了这样的"权利"。举一个荒谬的例子，美国最高法院竟被要求对以下情形做出裁定：如果一个基督教教徒面包师拒绝为同性婚礼装饰蛋糕，他是在行使自己的宗教信仰自由，还是侵犯了这对同性新人不因性取向被歧视的权利？这同时还涉及言论自由。法院选择哪个问题都不解决，但基于程序上的技术性理由裁定支持面包师。在一个非常类似的案子里，一个名为巴伦内尔·斯塔茨曼（Baronelle Stutzman）的花店店主拒绝为一场同性婚礼布置鲜花，这竟然也动用了美国最杰出的法律头脑。

而这恰恰是关键。正是这种案子的存在——它将捍卫自由联盟和美国公民自由联盟对立了起来——揭示了社会已经因为绝对观点的对立而两极分化到了什么地步：引发法律纠纷竟然成了推进目标的恰当手段。为什么面包师就不能烤那个蛋糕呢？为什么那对同性新人就不能从另一个面包师那里买蛋糕呢？我们多么希望生活在同一个社会中的人们能够认同他们共同的公民身份，无须诉诸法院就能解决琐碎的纠纷。

行动主义

2011 年 9 月，一群抗议者在曼哈顿下城区离华尔街不远的祖科蒂公园里支起了帐篷。"占领运动"蔓延到了世界各地。在伦敦，示威者们试图包围证券交易所，但遭到警察阻拦，最终转移至圣保罗大教堂的墓地里安营扎寨。

当时，约翰·凯正在撰写一份金融服务方面的政府报告，同时在计划写一本关于该领域的书。在证券交易所度过了一个上午后，他认为有必要也在那些抗议者身上花些时间，于是决定到那片帐篷中去走走。那儿既散发着一种活泼的精神，也有明显的愤怒。在 2008 年全球金融危机之后，人们有许多感到愤怒的正当理由。

但当他试图弄清这些人在愤怒的表达之外有何具体诉求和建议时，却毫无收获。他问示威者对当下问题的看法——比如限制银行零售业务的计划，或者上市证券市场下跌有利于私募股权——得到的回应只有困惑。一个帐篷的上方飘扬着一条横幅，上面写着"禁止高频交易"。约翰走上前去，以为能找到一个对该领域有知识储备和见解的人，哪承想人家却告诉他，写这个标语的人不在，但可能晚些时候会过来。

在抗议活动的早期，伦敦的运动参与者曾发表了一份"初步声明"："目前的制度是不可持续的，是不民主、不公正的。我们需要替代方案，我们将从此处出发，朝着它们努力。"[5]但"朝着它们努力"的过程显然并没有启动。"占领运动"是表演性的，抗议的目的只是抗议。2011 年 11 月，纽约警方清理了祖科蒂公园里的示威者；2012年初，伦敦金融城警方驱散了驻扎在圣保罗大教堂墓地里的抗议人群。

"占领运动"的口号是"我们是那99%"，强调的是从金融业发展和企业高管薪酬大幅增长中获利的那1%的人，与其余绝大多数人之间的鲜明对比。但尽管示威者不属于那1%，他们也绝对不能代表那99%。一份对纽约"占领运动"示威者的问卷调查显示，他们中有比例很高的白人、男性、受过良好教育的富裕人士。[6]他们不是那些已失去抵押房产的赎回权，或者因经济危机和国家紧急财政介入而失业的人。

"占领运动"虎头蛇尾地结束了。但它为一种新的、在接下来的十年中具有代表性的行动主义奠定了基础，推动了伯尼·桑德斯（Bernie Sanders）和杰里米·科尔宾（Jeremy Corbyn）的声名鹊起，并在这十年中的后期催生了气候政策抗议组织"反抗灭绝"的行动。在这种行动主义中，强烈的情感比实际的知识储备要重要得多。

早在"反抗灭绝"之前，社会运动积极分子们就已经盯上了环境问题。德国绿党已经成为两大主流政党的强大威胁，两大党拼命想要在环境问题上抢先一步，并因此做出了各种让步。日本海啸吞没了一个选址愚蠢的核电站，造成了巨大的损失，这导致绿党在德国的民意调查中人气瞬间飙升。德国没有海啸的风险，其核电站也以典型的德国式的精细缜密维护着。总理默克尔本身就是一名科学家，却选择通过宣布停用德国所有的核能来安抚绿党。但德国仍然需要电力，现在大部分来自褐煤，这是二氧化碳密集型、污染最严重的能量来源。德国于2020

年 2 月启用了最新的煤矿，人均二氧化碳排放量几乎比欧洲任何国家都要高。[7] 核电站停用后，德国人的生活环境并没有变得更安全，而德国额外排放的二氧化碳将给非洲造成严重后果。在那里，气候变化的影响已经不能更明显了，关键是当地人没有能力应对它。绿党的激进主义减轻了一种它想象出来的并无限夸大了的风险，其代价是加剧了 10 亿非洲人民所面临的切实存在的危机。

自以为是的自恋

　　因此，那些支持伯尼·桑德斯的现代活动家们，无论他们身上贴的是什么标签，他们都没有**做**点什么来真正解决社会问题。这并不是一个新的现象。《荒凉山庄》（*Bleak House*）里的杰莉比夫人是狄更斯笔下最令人难忘的讽刺角色之一。她热衷于狄更斯所说的"望远镜式慈善"——她爱着抽象的人而非具体的人。她忽视家人，对门外受伤了的孩子丝毫不感兴趣，却乐此不疲地代表生活在尼日尔左岸的博瑞布拉－盖阿（Borrioboola-Gha）的当地人请愿。这种行为最主要的、恐怕也是唯一的好处，是它能让杰莉比夫人自己产生一种温暖的自我满足感。对其他需要关注的事情均视而不见，她"嘲笑那些看不见博瑞布拉－盖阿的人视野狭隘"。保罗已花了大量时间，致力于帮助非洲赶上富裕社会，并敦促有幸生活在富裕社会的人们为之做出更多贡献。但不是像杰莉比夫人那般"做贡献"：我们需要切实的措施，比如抑制伦敦的律师事务所注册空壳公

43

司，它们的不透明会助长腐败。

配得上"现代杰莉比夫人"称号的潜在候选人有很多。好莱坞明星们发现，把自己的名字跟公益事业联系起来，能更好地吸引以年轻人为主的观众。由于商业上的潜在利益，现在出现了一种职业顾问，专门向名人建议哪个慈善事业最有利于他们自我营销。因此，像性别焦虑这样的热点问题不可避免地吸引了名人的注意力。果然，2020 年，BBC 在新年特别节目中让两位美国好莱坞明星任意选择一个慈善机构，由 BBC 向该机构提供 5,000 英镑的捐款。他们选择了"美人鱼"。由于这笔捐款出自每个家庭定期定额支付的电视执照费，这就等于是普通英国家庭集体资助了"美人鱼"。

名人们选择支持哪项公益事业，取决于它是否能够提高他们在年轻观众心目中的地位，而非取决于社会的真实需求。他们乘坐私人飞机抵达会场，呼吁人们关注气候变化和保护苏门答腊岛的猩猩。这些当然值得关注。但同样值得注意的，是药物成瘾、酒精性肝病和自杀死亡的人数在美国各地的激增；好莱坞所在的州虽然是美国最富有的州之一，却已成为耻辱的中心：无家可归、让人失望的公立教育、极高的监禁率（遭监禁者大多是少数族裔），都已成为严重问题；臭名昭著的加利福尼亚州第 13 号提案还阻止了通过房价暴涨为州预算注入资金。但人们并没有意识要改变这些东西。

杰莉比夫人到后来才发现，博瑞布拉–盖阿的国王把她的门徒们当奴隶给卖了。和她的"慈善"一样，现代行动主义对自己为之奋斗的主题并不了解，无论是关于金融部门的渎职行为、气候变化，还是跨性别儿童的健康问题。对公众辩论的贡献大小应该由论点的好坏决定，而不能取决于表达有多么激烈、情感有多么外露。

建设性的行动主义

44　　　历史上所有伟大的抗议运动——宪章运动、妇女参政权运动、退伍军人游行、民权运动——都是由那些为反抗自己**亲身**经历的不公而发声的人们所发起的。而新的行动主义主题则更加抽象，其诉求往往用最笼统的语言来表述。在最糟糕的情况下，它们无非是展示情绪化自我的表演机会。

同样在狄更斯时代，与杰莉比夫人成鲜明对比的，是那些有建设性公心、将时间投入到切实社会工作中的人们。他们在当地成立公司，为城镇和城市安装煤气灯和卫生设施，修建人们能买得起的房子，无论是为自己的员工，还是为更广泛的社会成员。提图斯·索尔特爵士（Sir Titus Salt）是布拉德福德（Bradford）最大的工厂主、该市的国会议员和市长，他捐出了自己全部的财产，以为他人谋求实际的利益。1849 年他在市长任上时，霍乱袭击了这座城市，导致大批工人和市民死亡。对他来说，这段经历可能是一个导火索，也许类似于比尔·盖茨患癌症的母亲给儿子写的那封信，告诉他富有的人应该承担更多的社会责任。索尔特爵士的慈善事业包括为他的员工们修建体面的住房，于是有了萨尔泰尔镇（Saltaire），现已被联合国教科文组织世界遗产委员会批准作为文化遗产列入《世界遗产名录》。这是企业精神的最佳案例：索尔特找到了一个应对和解决生存窘迫问题的途径，而且因为利润足够高，所以它是可持续的。显然，盖茨夫妇致力于用科学方法根除疟疾的行动，是一个悠久传统在现代的延续。

其他有公益精神的人们凝心聚力，支持推动那些切实可行的政策。威廉·威尔伯福斯（William Wilberforce）和他的同事们就是这样在1807年废除了奴隶贸易。在接下来的50年里，沙夫茨伯里伯爵（Earl of Shaftesbury）成功推动了一系列改革，彻底废除了奴隶制，改善了精神病患者的治疗，并限制了童工的使用。20世纪60年代，一群国会议员在内政大臣罗伊·詹金斯（Roy Jenkins）的支持下，启动了一系列社会改革，废除了死刑，最终还实现了堕胎和同性恋的非罪化。

但你不一定非得是提图斯·索尔特爵士、沙夫茨伯里伯爵或比尔·盖茨，才能参与到建设性的行动主义事业中来。每个 45 社群都有实现这种倡议的惊人能力，且这样的倡议已经有成千上万了。说到这个，保罗有一位早已去世、中年丧夫的姨。她对寡妇的艰难有切身体会，同情心使她对其他丧偶人士产生了共情。她成立了一个"减一俱乐部"：一个名字、一个地点和一个时间。随着俱乐部逐渐蓬勃发展，丧偶人士们发现，除了忍受孤独，或者孤零零地受邀与成双成对的人聚会之外，他们还可以结交有相同人生经历的新朋友。多年以后，当地的一位牧师写信给这位女士，感谢她所做的一切。这种朴素的认可对她来说意义重大，不是因为得意，而是因为这种肯定消除了她的顾虑：随着年龄的增长，她确信自己"值得被爱"，哪怕她再也没有找到过爱。

还有一个例子是温迪·科普（Wendy Kopp），她 1988 年在普林斯顿大学读本科。如她所说，"在我看来，'我一代'*这个标签似乎有问题。我认识的大多数人之所以参加投资银行或咨询公司那些为期两年的项目，并非因为他们一心想要赚钱。[8]她将自己在富裕的达拉斯（Dallas）郊区高地公园的上学经历，与那些来自不受青睐的公立学校、艰难够到普林斯顿大学门槛的同学的经历进行了比较。于是，在毕业论文里，她以美国和平队†为模板设计了一个方案，推动顶尖大学的毕业生们在全国各地条件落后的学校里任教两年。

科普兴奋地开始筹集资金。她先是收到了联合碳化物公司和美孚公司的小额捐助，随后又坚持不懈地给达拉斯亿万富翁罗斯·佩罗（Ross Perot）写信，终于争取到了一次会面机会。结果，她带着一张 50 万美元的支票离开了佩罗的办公室，成立了"为美国教书"（Teach for America），目前已将 5 万多名年轻毕业生输送到了美国各地的学校。

"为美国教书"又为英国的"以教为先"（Teach First）提供了灵感，最近伦敦低收入区域的学校教育质量显著改善，后

---

* 最初指 20 世纪 70 年代美国"婴儿潮"那一代人，因普遍关注自我实现和自我成就而得名，亦因此受到自恋的指责。2013 年，《时代》周刊以"我、我、我一代"（The Me Me Me Generation）为专题，搭配一位持手机自拍的年轻女性照片作为封面人物，探讨了千禧年一代年轻人关注自我的特质。——译者注

† 在美国政府主导下运作的志愿机构。志愿者大多为拥有本科学历的美国公民，经三个月的培训后，赴国外从事为期两年的志愿工作，在地方政府、学校、企业等机构的支持下对当地的教育、医疗、商业、环境等领域提供帮助，以此支援欠发达地区的发展，促进美国人与全球的相互了解。——译者注

者便是原因之一，现在已经被 40 个国家效仿。*还有"开讲了"（Now Teach），它的创始人是《金融时报》前专栏作家露西·凯拉韦（Lucy Kellaway），因为喜欢戳穿装腔作势的管理套话而闻名；"开讲了"为像她这样各行各业的成功人士提供了功成名就后回学校教书的机会。

　　而即便是在伦敦，这个个人主义猖獗泛滥的中心地带，这个在英国收入最高、焦虑最严重、幸福感最低的地方，人与人之间天然的同理心还是激发了建设性的行动主义。慈善机构"小村"（Little Village）用这种同理心将家庭和家庭联系起来，确保任何一个孩子在长大过程中都不会缺少必要的衣服、玩具和设备，尤其是在困难的时候。这个机构有 400 名志愿者，其中不少是幼孩的父母，在他们的大力协助下，机构成员收集适用于婴儿及五岁以下儿童的衣服、玩具及相关用品，然后分发给生活困难的当地家庭，如无家可归、失业、低收入或遭受家庭暴力的人们。引导有需要的家庭寻求机构支持的这项工作，部分交由专业人士（比如卫生访视员或助产士）负责，部分仰赖宗教团体、慈善机构或其他家庭介绍。通过向有困难的家庭伸出援手，"小村"不仅帮助建立了人与人之间的纽带与社群关系，同时也缓解了物质匮乏。"小村"在纽约市有好几个中心，有需要的家庭可以走进"小村"任意一个中心，放他们的孩子在一旁玩耍，然后选择他们需要的物品。†

---

* 这其中不包括苏格兰，那里的教师工会成功抵御了外来威胁。——作者注
† 我们感谢纳菲尔德基金会的丽莎·哈克（Lisa Harker）告诉我们关于"小村"的故事。——作者注

46

个人主义的实现路径管用吗？

个人主义有多种不同的形式，每一种都提供一条通向自我实现的独特路径,但都是关于"我"的。第一条路径是最单调的：通过"我"的消费，这事实上也是经济模式给我们的定位——我们想要消费。但对于大多数成功人士来说，拥抱唯能体制早已取代了消费：我们通过自己的成功来自我实现。而现在，这股潮流又遇上了新的挑战，它源于自我表现的诱惑：我是独一无二的！

关于福利的研究对这几条路径都提出了怀疑。超出适度水平的消费只会引起那种摄入过量糖分后的短时欣快感，彩票中奖就是个令人遗憾的例子。[9] 至于职业生涯的成功这条路经，情况似乎更糟：对于年收入超过 6 万英镑的人来说，收入越高，幸福感越**低**。[10] 英国最新的一项调查发现，年收入超过 10 万英镑的人对自己生活的满意度比其他所有人都更**低**。[11] 如果你觉得这个收入门槛太低的话，何不看看那些美国顶级律师事务所里收入往往是七位数的合伙人？他们中患有抑郁症的比例达到了让人难以置信的 30%，吸毒成瘾也很普遍。[12]

最后还有表现式个人主义的自我实现路径。从历史来看，青春期的结束是以步入社会为标志的。古雅典的年轻男性会身披铠甲进行成人宣誓，获取合法公民身份。现代的尼尔·麦格雷戈（Neil MacGregor）也描述过所谓的"通过仪式"，也就是年轻人如何被接纳为社会的一员。[13] 在瓦努阿图（Vanuatu），孩子们都留长发，他们在大人的教导下逐渐长大，头发上打的

结合不断增多，以显示他们积累的阅历，而剪掉头发就是一种
"通过仪式"，标志着他们长大成人了。英国上流社会的女儿们
则通过参加元媛舞会正式进入社会。这些仪式通常带有宗教色
彩，比如犹太受诫礼和圣公会坚信礼。此外，军事院校还会举
行带有戏弄、欺侮、暴力元素的迎新仪式。黑手党亦有新成员
加入"家族"的仪式。

　　但正如麦格雷戈指出的，个人主义的兴起挑战了集体智慧
这一概念。英国引入学校毕业舞会仪式，为的是庆祝一段社会
关系的终结而不是开始。关于自我塑造的激进文化实验已经开
启，年轻人相互吸纳，构成了一个属于他们自己的成人世界。
但是没有一个孩子能写出自己的《摩西五经》*，能不靠大人的
教导积累足够的阅历长大成人。自我实现相当于"自己动手实
现"。如果我们用年轻时的成就来衡量自我实现是否达成的话，
得出的结论是很令人担忧的。自从自我实现意识开始成为文化
主流，青少年抑郁症患者人数便开始飙升，同时也在飙升的现
象是抑郁症最严重也是最可量度的表现——自杀。†

　　个人主义像所有被过度炒作的产品一样，看起来很棒，但 　48
亲自体会一下就不是那回事了。提图斯·索尔特和温迪·科普

---

* 在犹太教中，年满13周岁的成年男子应遵守《摩西五经》中规定的613条诫命，
其中的一条诫命规定犹太教男子须在一生中默写制作一幅《摩西五经》卷轴。——
译者注

† 在美国，国家卫生统计中心（2018）的数据显示，2000年至2017年，自杀人数
增加了40%；J. M. 特温根等（J. M. Twenge et al., 2019）的研究显示，2005年至
2017年，严重抑郁症病例增加了52%。在英国，国家统计局数据（2019年9月3日，
表8）显示，15—19岁的年轻人自杀率在1981年至2018年增长了40%。——作
者注

为我们指出了更好的选项，本书将在第三部分回到这一点上来。但首先，我们需要审视个人主义和行动主义的崛起对国家和政治所产生的影响。

第二部分

政府：困境的征兆

第五章

父权国家的兴衰

国有垄断似乎不再如过去那般是灵丹妙药了。

——托尼·克罗斯兰,《社会主义的未来》*,1956 年

第二次世界大战把英国变成了一个自信的国家。战争让全国上下团结一致,政府的计划经济也只为实现一个共同目标:取得战争的胜利!新生的国家凝聚力和经济定位及走向所产生的合力能改变社会,这在当时是有普遍共识的,它能为所有国民提供福利,同时维持经济增长。因此,英国战后政治中对集权的强调是战争反应的延续,这很好理解。

但是,因为人们最初对中央计划经济怀着不切实际的高期望,加上后来个人主义兴起,国家的负担越发沉重。中央集中规划能够在战时有效调动资源,却无法在和平时期满足现代社

---

* Tony Crosland, *The Future of Socialism*. ——译者注

会日趋复杂又不断变化的需求。这在苏联表现得非常明显：它有本事研制出氢弹、把人送入太空，却无法生产出高质量的汽车，无法促进医药创新，无法发明个人电脑。这个国家进入了它并不擅长的领域，不得不直面它完成不好的任务。随着它开始一次次被新目标击败，战争期间建立起来的团结逐渐消失：人民往往不会认同失败，失败难以产生凝聚力。权利文化出现后，社会被张灯结彩地装点上各种各样的新权益、新需求，但对个人及团体的义务约束却不足，导致国家成了这些权利的埋单人。此外，新时期的诉求使得政府越发频繁地发挥中央集权不擅长的作用，国家饱受挫败，士气低落，同时个人主义的崛起稀释了集体凝聚力，亦削弱了人民对政府的支持。美国政客把矛头指向了"福利女王"*，而在英国，2014 年 BBC 第四频道播出系列纪录片《福利街》（*Benefits Street*），描绘了伯明翰（Birmingham）一个大多数居民靠吃政府救济过活的社区，一举夺得了该频道的收视率冠军。逐渐地，纳税人越来越不愿意分担责任了。国家完不成复杂的任务，有负众望，挫败感强烈，于是开始启用适合"经济人"的策略，但这无助于政府重新树立起它的公共信誉。

　　政府无力满足人民对它的高期望，人民对它的信任度降低，这是所有西方主要民主国家都经历过的。可如果政客和高级官

---

* 20 世纪 70 年代，美国的部分媒体用"福利女王"一词揭露通过欺骗和造假来获取大量福利收入的人。1976 年，里根的竞选团队借用这个词来批评社会福利政策，致使美国政坛右翼对福利惠及的群体产生了"光拿福利不工作"的刻板印象。——译者注

员们的目标是全球救世主义以及获得或保住要职，那么他们就不会关注选民及公民的生活和利益。

国有化

今天人们在使用"国有化"和"私有化"这两个词的时候，似乎认为它们是对立的，但其实这里头涉及两个完全不同的问题：所有权和集中化。

战后英国工党政府下的国有化意味着白厅领导下的集权：国家立法建立了国家医疗服务体系（NHS）、全国煤炭委员会、国家保险基金、国家救助制度和中央电力管理局。英国运输委员不仅合并了四家私营铁路公司，还拥有并运营着公路货运及长途客运。国有化不仅将私人矿业公司置于国家控制之下，**已为社会所有的实体**（比如市政所有的天然气和电力企业、慈善信托基金运营的医院和互助会）**和一些由工会运营的实体**（它们推动社会福利）**也同样受到中央控制**。与其说国有化表达了对私营企业不良动机的批评，不如说它是在怀疑所有缺乏中央集中协调的活动。赫伯特·莫里森（Herbert Morrison）是当时国有化方案大部分内容的设计者，他将伦敦当地多个公共汽车服务和地铁系统合并成了一个统一的"伦敦交通局"，因此声名鹊起，尽管它们在合并前已经大多由公家控制了。

莫里森基于自己在伦敦的经历以及战时计划经济的成功，推导出中央集权能够提高效率这样一个普遍性假设。但无论是他还是其他人，似乎都不理解这两种情境的非典型性。对莫里

53

森以及大多数有一定地位的左翼政客而言，工党纲领第四条的目标等同于**国家中央集权**："确保体力及脑力劳动者获得他们的全部劳动成果以及在生产资料、分配和交换手段公有化前提下所可能实现的最公平分配。"但正如工党最有思想的战略家克罗斯兰（Crosland）很快意识到的，这种对政府垄断的信仰是没有根据的。中央统筹协调在一些领域是有明显优势，比如伦敦地铁乘客能很方便地从贝克卢线转乘中央线，比如全国成本最低的发电站能向国家电网全天候供电（这两项措施在1939年以前就已经实现了），但这并不意味着国家应该从同一总部控制本国的每一座煤矿、钢厂和医院。只有少数的特殊行业会受益于垄断下的网络效应。

英国工业国有化的最成功案例，恐怕是在20世纪60年代建设的国家天然气系统，这个全新的网络使来自北海的天然气能够为大多数英国家庭的中央供暖系统供能。除此之外，国有化几乎没有其他亮点。

英国的计划经济是以闹剧开场的。"花生计划"原本是善意的，旨在养活战后的英国，并通过在非洲生产植物油的大型机械化项目赚取外汇。退伍士兵被招募进该计划，成为"花生军队"。实地报告很快就揭示了该计划的不切实际，但伦敦的政客们不仅捂住了消息，还变本加厉地继续执行，直到可耻的失败再也无法掩盖。[1]这次惨败从一开始就暴露了国家经济管理的弱点——不切实际的规模而非谨慎的实验，不愿意听到坏消息并从中吸取教训——这些毛病一次次地反复发作。无论是多元主义还是约束都荡然无存。

公营公司在最初成立的时候拥有相当大的财政自主权，包括借贷权。就莫里森对公营公司的构想而言，他对员工有很高的期望——用他的话来说，他们得是"公共利益坚定的维护者"。[2]但尤其是国有化后的铁路业，很快就被证明会导致公共资金的巨大浪费。铁路在二战期间被过度使用却维护不足。而战后越来越多的家庭购买了汽车，集装箱运输的普及刺激推动了道路系统的改善，促使卡车从铁路那里抢走了货运的生意。对此，英国交通委员会做出的回应是一个雄心勃勃的"现代化"方案，仅1955年的投入就高达12亿英镑（约等于今天的300亿英镑）。[3]

随着亏损愈加严重，财政部开始越发直接地控制了这个行业以及其他国有化行业的财务状况。帝国化学工业集团的高管理查德·比钦（Richard Beeching）被任命为英国铁路局董事会主席，刚上任即颁布实施了一个全面削减开支的计划，取消了多条乘客数量很少的支线。直到今天，他的名字依然为铁路爱好者所厌恶。但幸存下来的那部分线路的使用率仍在持续下降，直到1995年才急剧逆转，那恰好是铁路私有化开始的时候，尽管私有化比之前广受诟病的国有化更不受欢迎。*

但没有什么比得过发电过程中产生浪费的程度和规模。1963年的冬天异常寒冷，英国的发电能力却显得不足。第二年，工党胜选，一个大规模的电力投资计划正好符合他们的设想，这个计划承诺要让国家从"技术白热化"中获益。该项目包括几座2,000兆瓦的巨型燃煤发电站——我们在牛津任教的整个

---

* 这种逆转并不能完全归因于私有化，因为其他欧洲国家铁路使用率的下滑趋势也停止了，但英国的复苏程度和规模特别突出。——作者注

职业生涯中，每当我们乘坐火车到伦敦，都会途经位于迪考特
（Didcot）的那座，它在一大片迷人的乡村景色中显得格外碍眼。
但最愚蠢的是该计划还订购了五个（后来增加到七个）气冷堆
核电站（AGRs），设计得具有明显的英国特色。计划制订者对
它们的电力出口潜力怀有很高的期望。然而，它们不仅没有推
动电力出口，还过了 20 多年才开始像当初计划的那样发挥作
用。最终，这些发电站被以原价零头的价格贱卖给了法国国有
电力供应商法国电力集团，未来的除役责任还是由政府承担。
这些发电站大部分的新发电能力从未派上用场，但这并不重要，
因为它从未被真正需要过——需求的增长低于预期。这个真相
零敲碎打地、用了几十年时间才得以完整呈现——这已成了一
种行为模式。多元主义和约束依旧荡然无存。

　　煤炭工业在历史上一直是劳资争端的高发领域——正是该
领域的争端最终导致了 1926 年的英国大罢工——它也是标志
性的国有化产业。但劳资关系仍然是引爆点。激进分子阿瑟·斯
卡吉尔（Arthur Scargill）领导了 1971—1972 年、1973—1974
年两个冬天的罢工，第二场罢工推翻了爱德华·希思（Edward
Heath）的保守党政府，为玛格丽特·撒切尔的崛起铺平了道
路，使她最终成了那个决心摧毁公营部门工会权力的政党领袖。
1984—1985 年，一次策划已久的政府行动在采矿业如愿实现
了这一目的。在接下来的十年中，随着发电站和家庭住所都逐
渐开始用天然气代替煤，英国煤炭工业逐渐走向衰落。

　　与人们普遍持有的观点相反，私有化其实并不是撒切尔政
府早期规划的重要组成部分。分水岭出现在她第二次赢得大选

后的 1984 年。当时英国的电话系统需要一个关于数字交换的
重大投资规划，这对政府提出了与其公共借贷的宏观经济战略
不相容的要求。于是，英国政府出售了国营电信公司 50% 的
股份。这个想法最初产生时并非来源于某种理念，而是为了从
政府资产负债表中扣除投资借款。但对股票的抑价和大规模广
告宣传导致该股广受欢迎，至少在支持保守党的那部分民众中
是这样的。对更高的工资以及摆脱白厅控制这种前景的期待，56
点燃了最初持怀疑态度的公共部门管理者的热情。在接下来的
十年中，私有化逐渐扩展到了许多国有工业部门，甚至蔓延到
了一些显然不大适合私营组织形式的领域，比如供水和铁路。
1997 年，当保守党政府长达 18 年的执政宣告结束时，莫里森
的国有化公司时代也或多或少地终结了。

政府和工业

　　在战后艾德礼首相时代的国有化之后，20 世纪 60 年代和
70 年代的工党政府首先成立了产业重组公司，然后是看似有
些矛盾的全国企业委员会。前者的三个标志性成就分别是：将
英国所有幸存的汽车公司合并为英国利兰汽车公司，将英国所
有的计算机业务纳入英国国际计算机有限公司，以及将主要的
电气公司并入通用电气公司。解决工业问题的方法是规模。
　　那么这三家超大型公司的表现如何？汽车旗舰英国利兰在
1974 年轰然倒塌，随后被国有化，最终解体；计算机领域的
旗舰英国国际计算机有限公司在 1981 年垮塌，并逐步被日本制

造商富士通吸收；电气旗舰英国通用电气公司于 2001 年倒闭。

　　全国企业委员会的表现更差。除了对英国利兰不成功的投资和扩张计划外，它还试图推广了几个领域的国家领军企业，包括机床（阿尔弗雷德·赫伯特有限公司，于 1983 年倒闭）、半导体（INMOS，于 1989 年卖给了法国和意大利政府共同拥有的意法半导体公司）以及消费类电子产品（辛克莱电子公司，1980 年解体）。唯一幸存下来并获得成功的是罗尔斯—罗伊斯。1971 年，该公司的 RB211 发动机成本严重超支，此后公司就被收为公有。标志性的汽车品牌劳斯莱斯现由宝马拥有，而航空发动机部门则在后来重新私有化，成为全球三大生产商之一。

57　　　这些都不是在说政府无法在促进工业和创新方面发挥作用。我们将在之后的内容中回头来讨论，政府究竟该发挥什么作用。但英国政府将企业业务合并统一为（无论是私有还是公有）巨无霸的行为，都清楚地向我们说明了政府**不该**发挥什么作用。大规模实施一连串过于雄心勃勃的方案，随后不愿意承认（更别说揭示）它们的失败——这种故事已经重复一遍又一遍了。

医疗卫生

　　它甚至还出现在了艾德礼政府的遗产瑰宝——全国性的医疗卫生服务当中。2002 年，新工党政府启动了一项大规模的计划，将所有医疗记录集中在一个单一的 IT 系统中。这个世界上最大的 IT 系统所需投入为 23 亿英镑。[4] 这又是一个野心过大、对项目运作的反馈欠真诚的例子。到 2006 年，有 23 名计算机科学家以公开信的形式对该项目的失败发出警告，并控诉说其失败的证据正在被掩盖；到 2009 年，一个议会委员会又对项目成本巨额超支发出警告，当时估计为 120 亿英镑。[5]慢慢地，它的气势越来越弱，最终在 2013 年被取消。

　　但过度集中化的本能依然很大。在新型冠状病毒危机暴发初期，公共政策再次表现出这种集中化的本能。英国是最早开发检测的国家之一，但所有的检测都集中在伦敦西北部科林代尔（Colindale）的一个设施中，该设施由英格兰公共卫生部门而不是国民医疗服务体系（NHS）管理，其本身就是国家垄断。正如一位学术界的科学家所说："如果我运行着一个实验室，一个非常有挑战性的新疾病的每一个样本都必须要送来我这里进行检测，那么我就能控制数据。在这种情况下，我不可能不在乎检测具体在哪里进行，不可能宽慰自己说'只要所有数据最后都能集中在一起就行'。"[6] 科林代尔不愿意让隶属于大学或私人机构的其他实验室进行检测，因为对科学家来说，最好的检测得是他们确信完全准确的。这是很苛刻的要求。此时此刻，那些有能力并愿意提供大规模检测的大学机构仍然被禁止提供这样的服务。然而从公共政策的角度来说，最重要的是速度和规模：（检测出错所导致的）假阳性不如（因没有检测而自以为的）假阴性那么可怕。等到英国姗姗来迟地将测试能力提高到了每周约 12.5 万人的时候，德国已经实现了每周检测约 50 万人，并计划将这个数字再增加三倍。开发出德国首个新冠检测试剂的实验室负责人克里斯蒂安·德罗斯滕（Christian

58

Drosten）解释说："我们德国的文化不支持集中式的诊断系统。"因此德国没有一个公共卫生实验室能够限制其他实验室进行新冠检测。"[7] 相比之下，英国过度集中化的医疗卫生系统不仅有时昂贵（比如那个 IT 系统），还很危险。

在新型冠状病毒危机期间，数百万英国人响应国家号召，每周在统一的时间准时出现在自家门外，同时敲打能发出声响的东西（比如锅），以此来感谢 NHS 的医务工作者为抗击病毒所做的努力。在人们有需求、有困难的时候，免费的、向所有人开放的公共服务，在我们和大多数同胞眼里一样有吸引力。我们需要一个优质的国家医疗服务体系，由有资质的、受目的驱动的人员组成，但似乎没有明显证据证明，实现这个理想的最佳方式，是将该体系的管理运行权统一集中在一个庞大的机构里。前文提到的那个世界上最大的 IT 系统并没有起作用；科林代尔对新冠检测的垄断也没有孕育出世界上最好的服务：它不堪重负。

这些问题是症状，诊断结果很清楚。作为用人机构，英国医疗体系的成员人数位居世界第三。* 也就是说，在这个垄断组织中，围着无数非常敬业的人，他们的技能和动力意味着决策权下放是切实可行的。而现实却恰恰相反：和社会工作者一样，他们的时间不得不分散到填写各种表格这类为实现自上而下的监控而设置的任务上去。医疗卫生领域非常适合权力下放，

---

* 原书并未标注数据来源。2015 年，世界经济论坛统计了全世界规模最大的用人机构（employer），美国国防部以 320 万人位居榜首，NHS 位居第五（170 万人）。——译者注

且权力下放和普及服务并不冲突，这在几乎所有发达国家（但不包括最大的那个发达国家）都是通过在有约束的多元主义框架下的合作和竞争来实现的。我们的垄断式医疗系统是战后英国过度痴迷中央集权的产物。不仅是医疗卫生，还有对地方服务和产业政策的管理权，都统一集中在白厅。如今，失败的纪录持续的时间已经足够长了，是时候醒来了。

高等教育

在二战结束后的 50 年里，英国大学的国有化经历了一个稳步渐进的过程。牛津、剑桥以及那四所苏格兰老牌大学*已经存在了几个世纪，但曼彻斯特（Manchester）实业家约翰·欧文斯（John Owens）却是第一个以有形的方式展示大学对其所在城市的社群和商业能做什么贡献的人。欧文斯学院成立于 1851 年，到了 19 世纪末，英格兰各地的城市都开始效仿曼彻斯特这个先例，所有新成立的机构都像曼彻斯特的那样，是当地商人主动倡议的结果。约瑟夫·张伯伦（Joseph Chamberlain）是伯明翰大学的缔造者，他的螺丝钉生意大获成功，几乎垄断了英格兰市场。他转而开启了一段政治生涯，他的儿子内维尔随后效仿。烟草巨头威尔斯家族（the Wills family）在布里斯托（Bristol）也做了同样的贡献。谢菲尔德大学成立于 1905 年，当地的钢铁巨头马克·弗思（Mark Firth）

59

---

*　指圣安德鲁斯大学（1413 年成立）、格拉斯哥大学（1451 年成立）、阿伯丁大学（1495 年成立）和爱丁堡大学（1583 年成立）。——译者注

资助了其主楼的修建，该大学也自然而然在与当地经济相关的学科方面表现出色。诺丁汉大学于 1948 年在杰西·博特（Jesse Boot）的帮助下成立，博特是药妆店"博姿"的创始人之子。

历史上，特伦特河畔斯托克的实业家们从未认识到高等教育的必要性，但第二次世界大战之后，当地工党政府开始有了不一样的看法。在它的资助以及牛津大学贝利奥尔学院院长 A. D. 林赛（A. D. Lindsay）的帮助下，北斯塔福德郡大学学院正式成立。值得注意的是，新大学不在肮脏的斯托克城里，而是修在了五英里外绿树成荫的基尔庄园。

政府给大学拨款始于第一次世界大战之前，那时候高等教育开始向城市扩张，但大学的大部分收入仍然来自学生缴纳的费用、捐款以及当地社群。1945 年，艾德礼政府成立了专门的大学拨款委员会，从那时起，国家拨款在大学经费总额中所占的比例开始增高。1963 年的《罗宾斯报告》（Robbins Report）提出要把大力扩张高等教育作为国家战略。这份报告被广泛认为是英国高等教育的一个分水岭，但实际上，它无非是认可了一个已经启动了的进程。

成熟的大学将获得政府拨款以吸纳更多的学生；那些主要为当地工业需求服务的技术学院会被授予大学地位；同时，还涌现出了一批新建的大学，它们都把校址选在了未开发的土地上：埃塞克斯大学离科尔切斯特（Colchester）不远，但不在市内；萨塞克斯大学在布莱顿（Brighton）附近，也在城外；华威大学与工业城市考文垂（Coventry）的距离比与它同名的田园小城更近，尽管步行都到不了。该模式意味着，这种类似居住区式的大学校园与它们的所在地仅有非常松散的联系。像这样脱离社群，会引发严重的社会、经济和产业后果。

20 世纪 60 年代，攻读大学学位的人数增加了一倍多，国家高等教育支出增加得更多。最初，政府通过大学资助委员会与各个大学进行的接触是极其有限的，但这个以源源不断的资金投入和大学高度自治为标志的黄金时代并没有持续下去。自 1975 年起，公共支出开始承受压力，玛格丽特·撒切尔开始公开表达对日趋左倾的大学机构的敌意。校长办公桌上直通白厅的热线电话取代了记有当地名流显要信息的通讯录。1992 年，随着长期以为当地社群提供职业技术培训为主要功能的理工学院被改成了大学，高等教育的集中化宣告完成。

各党派都有中央集权的天性。保守党想削弱地方政府，比如将市政财政控制权向上移交给财政部。这一政策始于撒切尔政府，为财政大臣奥斯本所沿用。而工党中央集权的天性在 2019 年仍然非常明显，它在大选宣言中倡导建立一系列全国性组织：国家教育服务机构、国家能源机构、国家护理机构、国家食品委员会、国家青年服务机构、国家投资银行、国家妇女委员会以及国家难民基金。

市场和权力下放

有一个可能纯属虚构的故事：一位苏联官员被派往美国，实地了解资本主义是如何运作的。他问道："是谁负责向全纽约供应面包？"答案当然是"没有这么个人"。也可以说是"每个人"——如果你用谷歌搜索一下"向纽约供应面包"，会发现出来的结果有好几页。纽约的面包是分散供应的，它比苏联那种在中央规划下的面包供应更加可靠。协调不是通过集中规划，而是通过市场中的分散竞争来实现的。

正如我们在第二章中所说，权力分散的市场照样能够实现协调一致的结果，市场的这一能力恐怕是经济学中最重要的领悟，并且它是高度反直觉的。我们难道不需要中央集中协调来确保可靠性、消除无用的重复劳动以提高效率吗？这些主张对于很多人来说——无论是有常识的普通民众，还是正着手规划大规模工业化的苏联政工干部，抑或是西方商人——似乎都是显而易见的。从 19 世纪的约翰·D. 洛克菲勒（John D. Rockefeller，据说他曾说过"竞争是一种罪，我们必须摧毁它"），到 2018 年的迈克·库普（Mike Coupe，连锁超市桑斯博里的首席执行官，这个倒霉的家伙显然没有意识到当他在唱"我们有的是钱"的时候摄像机正在拍摄他，当时他正准备宣布合并桑斯博里与阿斯达）*，都是这么认为的。

但是，我们生活在一个复杂的、无法全面了解的世界里。部长、公务员、监管机构以及公共利益的托管人，没有也永远无法拥有运营中央电力管理局或英国运输委员会所需的知识；谁认为自己拥有这种知识，谁就最不应该负责这些工作，或者任何其他工作。正是因为我们有多个超市，我们才能学会如何

---

* 很可能正是这一事件，导致了竞争和市场管理局不认同该交易的价值，不相信合并后的集团能把所售货品的价格降低 10% 这一荒谬的断言，最终阻止了这笔交易。——作者注

经营超市，购物者才能发现他们想买什么、不想买什么，经理 ⁶²们才能学会解读顾客的需求。沃尔玛是世界上最大的私营雇主，它的业务相对简单，却能考验世界上能力最强的管理者。但即便是沃尔玛，也只占有美国四分之一的零售市场，并且在美国以外的地方一直难以取得成功（所以它才想将阿斯达卖给桑斯伯里）。而管理一个国家垄断的医疗系统比运营一个连锁超市要复杂得多；那些天分欠佳的管理者们，哪怕能够忍受政客、医生和病人相互冲突的需求，陷入困境也并不奇怪。

如果有一个统一的国家面包供应局，人人都会承认它的功能至关重要——在全国各地提供高质量、买得起的面包，该机构会备受尊重。但计划经济的经验告诉我们，面包短缺会反复出现，因为总是有一些东西会超出高高在上的管理者们的预料，比如斯托诺韦（Stornoway）的学校组织一次郊游需要多少三明治，或者法弗舍姆（Faversham）对佛卡夏面包的需求为何突然飙升。关于供应为什么会持续出现问题，最常见的解释是这项服务需要更多的资金。这一说法似乎得到了印证，因为当资源迅速增加时，情况确实能得到改善。但正确答案并不是最明显的那个，而是面包供给不应被垄断，实现可靠服务的最佳途径，是将决策权分散下放给熟知当地需求的多个供应商。

本书第二章审视并摒弃了市场原教旨主义者的观点，即我们需要尽可能自由的市场，以借力于人类固有的贪婪来获取公共利益。市场经济之所以是世界上唯一持久的繁荣之路，并不是因为富裕国家最奉行个人主义；反过来说反而更接近真

相——富国的特点是社会成员高度互信、懂得相互协作和极具
社会凝聚力。市场经济得以成功，归因于它本质上的多元，它
不仅允许实验，还鼓励和促进实验。但它的多元化是有约束的。
如果实验失败了（大多数都会失败），市场经济会提供快速的
反馈。失败的会被放弃，成功的会被效仿。而无论是西方的还
是共产主义集团的中央集中制都反复表明，在那种制度下，实
验通常是不受欢迎的，有实验也是过大规模的实验，并且承
认和改正错误通常需要一个漫长的过程。从花生到发电，再到
NHS 的计算机化管理，多元主义和约束都不存在。

　　我们需要一个能起作用的国家，它能做个人和社群都做不
好的事情，但绝不做国家做不好的事情。当我们的政党状态最
佳时，它们会全心全意投入到我们的愿景之中，把它们变成切
实可行的共同目标。但这些目标中很少有能通过国家垄断去实
现的。人们依恋垄断，原因是把两个谬误融合在了一起。一个
是那些自以为通晓模型的技术官僚的错觉，认为自上而下的控
制比权力下放后的决策更高效；另一个是认为共同目标只能通
过国家来实现，社会中没有任何其他实体可以承担道德责任，
能为了共同目标而放弃自私。但垄断产生的结果一次次地让人
失望，导致人民不仅质疑政府的能力，还质疑它的品格。《爱
德曼信任度调查 2019 年度报告》（Edelman Survey）显示，大
多数人在这两个方面都不信任政府。[8]

　　对国家的信任和对政治的信任不可避免地交织在一起。战
后早期，二者都享有很高的信任度；到了 2020 年，由于国家
承担了太多非集中制组织才更擅长的职能，加上共同目标在个

人主义施加的多重压力下遭到了破坏，政府和政治一起逐渐衰败。

我们已经讲述了对国家信任度的下降，现在我们来讲讲对政党信任度的下降。

第六章
变化中的政治地壳板块

> 在烤牛肉和苹果派的浅滩上，所有的社会主义乌托邦
> 都在挣扎。
>
> ——维尔纳·桑巴特，《为什么美国没有社会主义？》[*]，1906 年

到了 2020 年，对传统政党的信任受到侵蚀已成为西方社会的普遍现象，因此大选出现混乱是一个可以预见的结果。但混乱也有多种不同的形式。

在 2017 年的法国总统选举中，来自老牌左翼和右翼政党的候选人远远落后于极端左翼和极端右翼的候选人，这使得中间派埃马纽埃尔·马克龙顺利胜选，尽管他的政党"前进运动"只有一岁。然而就在第二年，他就遭遇了"黄马甲运动"。同年，在德国，基督教民主联盟和社会民主党加起来一共才获得了 50% 的选票。在耽搁了一段时间后，他们联手组成了大联

---

* Werner Sombart, *Why Is There No Socialism in the United States?*——译者注

合政府，但随着民众对两党的支持率逐渐降低，联盟变得越发不稳定。两大政党都已连续更换了三位领导人了，前任皆因选举受挫而辞职。

2016 年在美国，没有任何政治背景或经验的民粹主义者特朗普以共和党候选人的身份当选，以他古怪的言行团结了该党大部分（但绝不是全部）领导层和支持者。2018 年的意大利则出现了一个由两个民粹主义政党联合执政的危险政府，它没有任何理念或思想，于执政的第二年就崩溃解体了，可替代它的政府却与之一样危险。

2016 年英国脱欧公投的结果颠覆了英国的政治体系。2019 年 12 月，保守党从工党手中赢得了 50 多个议会席位，几乎都是相对落后的劳动阶层密集地区，比如斯托克城和唐谷，这原本都是传统的工党大本营。

但这些事件其实都是更长期趋势的体现。一个世纪以来，欧洲政坛在意识形态上一直是被资本主义和社会主义的对立所界定的，投票行为也在很大程度上由社会阶层决定。"资本主义"和"社会主义"的含义、左右的划分，已逐渐失去了清晰的定义。新术语比如"进步主义者""行动主义者""民粹主义者"，已经取代了老术语来描述政治立场和群体划分。专注于单一话题的压力集团——从"绿色和平组织"到"英国脱欧党"，从"美人鱼"到反移民、反西方伊斯兰化的 PEGIDA*——在逐步壮大，

---

* 2014 年起兴起于德国的运动，是德语 Patriotische Europäer gegen die Islamisierung des Abendlandes（字面意思是"爱国的欧洲人反对西方伊斯兰化"）的首字母缩写。——译者注

而传统政党的党员人数却在急剧减少。*社会阶层和投票行为
的历史联系也被完全切断了。

　　美国政治的不同之处，在于从来没有一个社会主义政党
或运动获得过显著的支持。伯尼·桑德斯和亚历山德里娅·奥
卡西奥—科尔特斯（Alexandria Ocasio-Cortez）都自称是社会
主义者，这是政治词汇发生了巨变的又一佐证——他们所谓
的社会主义显然不是克莱门特·艾德礼或弗朗索瓦·奥朗德
（François Hollande）的社会主义，更不用说马克思和列宁了。
本书作者中的一位记得自己曾在 1968 年写过一篇文章，讨论
为什么欧洲政坛比美国政坛受意识形态影响更大。那恐怕是写
这个议题的最后时刻了，因为 2020 年的现实已经完全反了。
但话又说回来，恐怕对美国政治更准确的形容，是"部落"政
治而非"意识形态"政治：乔·拜登（Joe Biden）不是搞意识
形态的理论家，唐纳德·特朗普更不是。

中间派的上升

　　"左"和"右"于 1789 年进入政治——当时国王的反对者
坐在法国国民议会主席的左手边，保王党坐在右手边。用这两
个词来描述政党可以追溯到法兰西第三共和国，那时候的团体
都自我标榜为中右、中左、极左等。随着选举权的扩大，对左
翼政党的支持不断增加，20 世纪 30 年代的左右分裂使欧洲彻

66

---

* 在大多数但不是全部欧洲国家，给传统政党投票的力度也有所下降。英国却是一
　个明显的例外，只因其投票制度在设置上对规模小的政党特别不利。——作者注

底两极化，导致了那场最具破坏性的战争。

　　1945 年，社会主义在欧洲工人阶级中备受推崇，尽管它在美国的地位依然微不足道。虽然罗斯福大胆的战前政策拯救了美国的资本主义，但欧洲各国政府已经陷入到了民族主义和经济保守主义的灾难性组合中：1945 年后的欧洲选民们想要不一样的东西。共产主义统治下的苏联取得了对德军事胜利，东欧的大部分地区将一直由苏联控制，直到 1989 年。苏联在 1953 年测试了一枚氢弹，在 1957 年将人类第一颗人造卫星发射到了太空。之后的 20 年里，西方广泛地夸大了共产主义苏联在经济和技术上取得的成果。

　　被继承下来的"左"和"右"继续被用来描述战后的政治，尽管分歧的广度比两次世界大战之间那段时期要小得多。1945—1951 年的英国工党政府建立了一个福利国家，但其中的大部分内容是二战期间由一个自由主义者*设计的，1951 年重新掌权的保守党政府也基本没做什么改变。主要政党的立场几乎没有什么实质区别，以至于到 20 世纪 50 年代末，以保守党的拉博·巴特勒（Rab Butler）和工党的休·盖茨克尔（Hugh Gaitskell）的姓氏合并而成的"巴茨克尔主义"一词，开始被用来描述这种广泛的政治共识。

---

　　*　指威廉·贝弗里奇（William Beveridge），英国自由主义经济学家。1941 年，英国政府成立了一个跨部门委员会，协同内政部、卫生部、劳工与全国服务部等多个部门，着手开展一项关于英国社会保障的调查，形成了一篇政府报告《社会保障与相关服务报告》（Social Insurance and Allied Services），该报告即由贝弗里奇起草，故又名《贝弗里奇报告》，战后成为英国建设福利国家的制度纲领。——译者注

在（联邦）德国，由康拉德·阿登纳（Konrad Adenauer）领导的中右派基督教民主联盟与自由派的自由民主党联合执政；到了1966年，中左派的社会民主党也加入了进来，成立了"大联合政府"。在伊比利亚半岛，随着佛朗哥（Franco）和萨拉查（Salazar）的去世，欧洲再也没有哪个国家处于极端右翼专权者的统治之下了。这些国家在温和的左翼或温和的右翼政党执政下，又重新恢复了民主政治。

法兰西第四共和国（1946—1958年）是由不稳定的温和派联盟统治的。阿尔及利亚危机以及军事政变的威胁，使战时"自由法国"军队的领导人戴高乐将军（General de Gaulle）重新掌权。作为和平时期的领导人，戴高乐是一个热衷于扩张其个人和国家权力的人物，但同时在解释其实际含义时又很务实。至于意大利政坛，则是党派林立，各届政府无非是低效和腐败的联合体。

大繁荣

这种不带意识形态色彩的政治局势允许甚至促使了欧洲前所未有地走向了大繁荣。德国从1945年的毁灭性打击中恢复了过来，再次成为一个重要的经济大国。在今天的法国，这段时期依然被形容为"光辉30年"。英国经济出现了快速增长，失业率之低在以往是难以想象的：据说1959年保守党首相哈罗德·麦克米伦（Harold Macmillan）曾用一句口号来概括这

67

段时期："你们从未有过这么好的日子。"*

1906 年，德国社会学家维尔纳·桑巴特（Werner Sombart）在他的书中问过一个问题："为什么美国没有社会主义？"他认为这个问题的答案是，那片广袤的大陆足以养活它的人民。同样，批量生产的汽车、电视和中央供暖系统让社会主义在战后的欧洲搁浅，大多数家庭不仅购买了这些商品，还购买了洗衣机、吸尘器、冰箱和电话。1987 年，工党在大选中惨败，英国最大工会的秘书长罗恩·托德（Ron Todd）一针见血地指出："你会对一个周薪 400 英镑，拥有自己的房产、新车、微波炉、视频设备以及马尔贝拉（Marbella）附近一个度假用的小房子的码头工人说什么？你肯定**不会**说：'兄弟，让我把你从痛苦中解救出来。'"[1]

家庭有了更多的可支配收入，这使他们能够负担得起这些新的消费品。在信贷方面的创新——比如分期付款——使那些原本没有购买能力的人也能买得起了，而需求的激增所导致的规模经济能大大降低商品价格。在之后的一个世纪里，大多数家庭都有了室内厕所、自来水、电灯和足够的住房空间，使得夫妇们能够拥有自己的独立房间。公共卫生和医疗的进步治愈了许多传染病，并大幅降低了婴儿死亡率。特别值得一提的是妇女生活的巨大改变：最理想的家庭规模意味着少怀孕、少生产，这也让家务负担大大减轻了。具有讽刺意味的是，东欧人

---

* 事实上，这句话出自 1957 年麦克米伦在保守党一次集会上的演讲。六个月前当上首相的他告诉他的支持者们："我们中的许多人从来没有过得这么好过。"——作者注

民因为拥有了电视机而直观地感受到，在改变普通人的生活这方面，市场经济似乎更为有效。

不平等在减少，但减少的方式导致它并没有在汇总统计数据和基尼系数中体现出来。富人从来就没有必要去取水、生火或在搓衣板上洗衣服；他们能到离家几英里远的地方去，甚至还可以出国。现如今，发达社会中的几乎每一个人都是如此。历史上的许多中产阶级家庭都雇佣过仆人；现在的中产负担不起了，但科技的进步让他们不再需要仆人。

中间派的衰落

第二次世界大战不只磨炼出了一个自信的英国，还孕育了一个自信的左派。在美国，左派施行罗斯福的新政，在欧洲则是社会主义。而在英国，如前文所述，左翼政治还意味着中央集权。由于右翼各政党自己没有什么好的想法，慢慢地也就默许了许多左翼政策。

偏离政治中间主义的趋势似乎始于 20 世纪 60 年代的美 69国。在肯尼迪总统于 1963 年被暗杀后，约翰逊总统（President Johnson）赋予了非裔美国人公民权利，这导致支持罗斯福和肯尼迪的北方自由派与南方保守派的联盟破裂瓦解。这项政策远不是个人主义的早期表现，而是对非裔美国人真正成为国家一分子的接纳，这一接纳已经到来得太晚，晚得让人感到可耻。但不久之后，越南战争就导致了国家的两极分化，年龄和教育程度是分化的重要因素。越战还引发了 1968 年的学生抗议，催生了一个脱离工人阶级的左翼组织，他们的孩子不少被征召入伍。在法国，参加了 1968 年 5 月运动的人仍被称作"六八一代"，他们是中产阶级年轻行动主义者的前身，正是后者在近 50 年后占领了祖科蒂公园和圣保罗教堂墓地，帮助奥巴马两次当选总统，也让桑德斯破坏了两次民主党初选活动。正如前文所说，战时支出加上紧随的 20 世纪 70 年代初的石油危机，进一步加剧了通货膨胀，结束了经济的持续增长，这引起了激烈的争论。人们对政府失去了信心，政府对自己的管理能力失去了自信。

在 1929 年华尔街股市崩盘和大萧条后的半个世纪里，金融业一直处于困境中，并且受到严密监管。但从 20 世纪 60 年代起，金融开始对实体经济和政府产生了更大的影响。金融化有多种原因：数据处理和传输方面的新技术使以前无法想象的复杂交易成为可能，而且就像航空业所起的作用那样，它还使世界变小了。在英国，金融领域的精英文化取代了老同学关系网，后者中的人们互相信任，因为他们曾在同一所学校念书。而外国人的到来加速了这一改变，但这些外来者并不清楚英格兰银行行长"扬起眉毛"*的影响力。

其结果是放松管制和再管制的结合。那些将金融危机归咎于放松管制的人没有意识到，无论是今天还是 2008 年都比以

---

* 在英国金融界有一个说法：历史上有一段时间，英格兰银行行长和别人交流时不用说话，只需扬起眉毛就可以传达自己的意思、左右银行政策。这个说法从此被用来形容央行行长的权力之大。一说这名行长是 1920—1944 年在位的蒙塔古·诺曼男爵（Montagu Norman）。英格兰银行正是在他的任内从商业银行转变为中央银行。他离任后不久，英格兰银行即被工党政府国有化。——译者注

往任何时候有更多的金融监管：国家在这方面越来越积极，但效果却越来越差。金融业在英美的壮观崛起滋生了一个强大的新游说团体，以及同样壮观的收入。但无论是业务的规模还是奖励的尺度都需要正当理由，而这种正当理由存在于市场原教旨主义和表现式个人主义之中。一项业务的盈利能力本身就被视为其社会价值的体现，而不可思议的薪酬水平则证明了获得者的特殊才能："我挣到了奖金。这是我应得的。"

罗伯特·戈登（Robert Gordon）发表过一个有争议的言论，他认为1970年以后，技术的发展发生了重大变化。[2] 在前100年里，创新对日常生活的影响史无前例。而1970年之后，消费品的创新仍在继续，但主要是量变，而非质变。编有43种程序的自动洗衣机和让我们的母亲无比兴奋的双缸洗衣机之间的差别，与后者跟搓衣板之间的差别相比，是很小的。一个带OLED显示屏的大屏幕电视，比邻居们聚在一起看1953年女王加冕时的小黑白电视要好，也比全家观看英格兰1966年世界杯夺冠时那种更大也更可靠的电视机要好。但最大的、从无到有的进步，是人们能观看加冕仪式了，能观看重大体育赛事了——**而且是直播**。现代最重要的消费品创新可能是手机、个人电脑、互联网和廉价的航空旅行，所有这些对年轻人和受过良好教育的人都至关重要。而洗衣机和吸尘器的革新意义主要是对工人阶级的家庭主妇而言的。如果说1950年到1970年之间的发明创造主要改变了女性的生活，那么1990年到2010年之间的发明则对中产阶级单身人士的生活影响最大。

宏观经济的糟糕表现，金融对经济政策越来越大的影响，消费品创新的缓慢步伐——这些都是那个存在于 20 世纪五六十年代、围绕左右逢源的中间主义所形成的政治共识被侵蚀掉的原因。我们将在下面进一步探讨其他因素。但无论起因是什么，结果都是很清楚的，并且随着共识的消失，新精英个人主义的不同变体逐渐渗透进了左右派老牌政党之中，取代了实用主义，将它们推向了不同的方向。

自信的左派的衰落

71　　　我们可能永远不会知道，20 世纪 60 年代对苏联共产主义经济成就的恐惧，在多大程度上是因为苏联显著但根本不重要的技术成就（人造卫星），或者是因为错误的情报，抑或是故意曲解情报，刻意制造恐慌。

　　但从 1956 年匈牙利事件和 1968 年布拉格之春起，共产主义信仰开始在那些国家里动摇。1989 年柏林墙的开放和随后的苏联解体，意味着苏东经济模式失败的证据已无歧义。将德国分裂成两个区域可能是经济史上最大的失败实验，其结果是确定无疑的：东德的生产力和实际收入只是西德的零头。

　　二战以来，欧洲工人阶级对共产主义的支持在逐步减弱。在英国，社会主义意识形态在 1974 年出现了短暂复苏，政府在两次矿工大罢工中的落败，让工会尝到了权力的甜头。1976年，工党政府不得不向国际货币基金组织寻求贷款，这非常丢人。新任首相詹姆斯·卡拉汉（James Callaghan）告诉工党大会："我们曾经以为，只要肯花钱消费，就能摆脱经济衰退，促进就业也能通过削减税收和增加政府支出来实现。我开诚布公地告诉你们，那个选项已经不存在了。"[3] 到了 1981 年，弗朗索瓦·密特朗（François Mitterand）拿着社会主义方案当选了法国总统，但财政和经济现状逼迫他不得不做出调整。在至少两代人眼里，西方民主国家的社会主义已经终结，欧洲主流左派也已经放弃了它。就连社会民主主义在战后初期的成功也遭到了侵蚀。在瑞典，欧洲社会民主主义的灯塔国，自1932 年以来一直没有中断执政的社会民主党，终于在 1976 年被击败。

社会主义和马克思主义派系仍存在于主要政党内外。和　72
其他理论家一样，这些人对推行实施能够落地的政策并不感兴趣，其首要任务是抗议，主要敌人往往是那些跟他们的信仰版本略有不同的人。整个 20 世纪 70 年代，咄咄逼人的英国马克思主义者如德里克·哈顿（Derek Hatton）和阿瑟·斯卡吉尔声名鹊起，而托洛茨基主义的激进派则成功组织了对工党的渗透。由于这种极端的意识形态与大多数选民没有共鸣，它最终把工党推入了 1983 年的选举灾难。

左翼传统意识形态已逐渐消逝，但左翼传统政党暂时幸存了下来。无论在英国还是美国，这些政党都非常幸运地找到了聪明又富有个人魅力的领导人——英国的托尼·布莱尔，美国的比尔·克林顿。头顶着含义模糊的品牌商标——"新工党""第三条道路""三角关系"——他们将自己的政党重新定位为务实的混合体，既要代表影响力已下降的工人阶级的利益，也要代表正在崛起的那部分受过良好教育的年轻人的利益，后者往往支持全球救世主义和新唯能体制的个人主义。布莱尔承诺"对犯罪采取强硬态度"，克林顿支持"严惩三进宫者"；但布莱尔的财政大臣提高了福利救济水平，克林顿的妻子尝试改革医疗保险。唯能体制要求最聪明的人应该上位，无论其家庭背景和成长环境，这是政府开始密切关注人民受教育的机会，以及通过改革公立学校、特许学校来提升教育质量的原因。布莱尔还新增了一个全国学前教育项目。有的政策吸引选民，有的政策展示个人魅力，这样的组合足以将原本分散的支持者团结起来。奥巴马也施了同样的魔法，但布莱尔没有能比得上自己的后来者。1983年工党的大选惨败在2019年再次发生，正是那些在格拉斯顿伯里（Glastonbury）高声喊"杰里米·科尔宾"的年轻人们，和那些成功渗透了工党、忠于科尔宾的草根选战组织"动量派"（Momentum）的激进分子们，将胜利拱手送给了保守党的鲍里斯·约翰逊。

右翼的问题

73　　　　社会主义衰落的直接后果是右翼在选举中获胜。在瑞典，一个右翼联盟于1976年开始执政；在英国，玛格丽特·撒切尔于1979年5月成为首相；在1980年的美国大选中，罗纳德·里根推翻了吉米·卡特（Jimmy Carter）。

　　　　但政治生态的变化给右翼政党和左翼政党都带来了问题。欧洲的左派一个世纪以来一直认同社会主义，这种认同不仅为支持社会主义的人确定了政治光谱，也为反对或感觉受到社会主义威胁的人确定了政治光谱。这些右翼人士包括：经济自由主义者，他们信仰放任的自由市场；对竞争没什么热情，但希望摆脱政府监管的商人；寻找更多机会让自己变得更富有的金融家；信仰宗教和遵循传统美德的社会保守主义者；有军国主义倾向的民族主义者、贵族以及其他把社会流动性视为威胁的出身高贵之人；还有那些新贵们，他们虽然是社会流动性的受益者，但却和那些继承了祖上财富的人一样，都渴望低税收。这些人除了都反对社会主义之外，几乎毫无共同点。于是，当失去了社会主义这个迫在眉睫的威胁后，他们才发现他们确实真的没有任何共同之处。

　　20 世纪 80 年代，因为工党没能成为一个称职的反对党，使得撒切尔得以在阿根廷独裁者愚蠢的狂妄鼓舞下，自由地推行自己的方案，其中有许多属于市场原教旨主义的内容，尤其是对占有式个人主义的拥抱和对"社会"的排斥。在之后的十年里，她和她所提倡的意识形态永久地改变了政治中间地带在政治光谱上的位置，不只在英国如此，世界各地都受到了影响。但她无知的傲慢终于让保守党忍无可忍，她于 1990 年下台，取而代之的是完全不讲意识形态的约翰·梅杰（John Major）。美国也发生了相似的事情，罗纳德·里根的总统任期于 1989 年结束，取而代之的是比他更讲实用主义的乔治·H. W. 布什（George H. W. Bush）。

　　右翼似乎出于实用主义开始向中间回移。但到了 20 世纪 90 年代，全球化和科技已经改变了生产模式，并产生了重大的社会和经济影响，比如制造业被外包到亚洲，或被机器人取代。善于应变的实用主义可以面对这些变化带来的新焦虑。但是，党员人数的萎缩逐渐改变了这些政党的组成，也使它们与受新焦虑影响最大的那部分人民进一步脱节。肯·克拉克（Ken Clarke）是当时众多的实用主义者之一，选民对他的喜爱远远超过他自己的政党对他的喜爱。他最近承认：

> 我们在国际上犯的错是在 20 世纪 90 年代和 21 世纪初期，正是一切似乎都很顺利的时候——顺利到我们以为我们真的已经开创了一个奇妙的新世界……现在想来，当时我们并不知道该如何对待至少 50% 的人口，他们的生活水平没有上升，为了谋生和糊口而放弃了他们本会引以为荣的工作……用大白话来说：**我们搞砸了**。[4]

2019 年退休后，克拉克目睹了他的保守党赢得了大选，但也看到了该党已变成了一个不再反映他价值观的政党。美国共和党人也有同样的经历：赢了选举，却在道德和智力上一败涂地。

克拉克所说的"搞砸"引发了内爆。由中间派主持的国家一直在系统地、坚持不懈地承担超出其执行能力范围的任务。正如克拉克所指出的那样，国家和商业的合作没能提供有意义的、充实的工作，不仅无法维持没有上大学的那一半国民的尊严，而且对于他们的孩子来说，虽然上了大学，如今却负债累累，他们不断攀升的期望也没能得到满足。那么，在这样一片失败的氛围中，左翼政党在哪里？ 1945 年那个被工人阶级推上台、为他们排忧解难的工党在哪里？

第七章

工党是如何失去工人阶级的

"我喜欢没读过几天书的人。"

——唐纳德·特朗普，

2016 年 2 月 23 日内华达州初选胜利演讲

1945 年，英国工人阶级把宝几乎悉数押给了工党，使其赢得了议会绝大多数席位。迈克尔·杨（Michael Young）起草的执政方案聚焦工人阶级的实际焦虑，尤其关注健康、教育和失业问题，这无疑给工党大大加了分。但当时那种信任今天已不复存在。2019 年大选最显著的特点，是工党痛失了数个票仓，而工党在那些选区的得票曾经可以称重统计，根本无须人工计票。从大选结果看，1966 年，工人阶级对工党的信任还存在，因为那年工党在唐谷赢得了 75% 的选票，在特伦特河畔斯托克北获得了 72% 的选票。然而时过境迁，2019 年大选中，保守党在这两个选区都赢得了令其满意的多数。

最初虽然是工党为那些扶持工人阶级的政策提供了原动力，但在 1945 年后的 30 年里，保守党表现出了足够的务实精神，欣然接纳了那些行之有效的工党政策。本章节讲述这个力挺工人阶级的跨党派共识，是如何在个人主义思想的恶劣影响下，随着集权的政府日益不堪重负（第五章）以及现有政党结构的瓦解（第六章），逐渐走向破裂的。我们还是回到唐谷和斯托克城来开始我们的讲述。

76   英国工人阶级的边缘化

唐谷位于南约克郡（South Yorkshire）曾经的煤田上，它的范围覆盖了唐卡斯特市（Doncaster）的一部分以及周围的一些乡村。特伦特河畔斯托克以陶器闻名，它由阿诺德·贝内特（Arnold Bennett）在书中描写的"六个城镇"组成。今天，韦奇伍德以及其他一些陶瓷企业的总部依然设在斯托克，但大部分生产已经外包给了亚洲。今天的唐卡斯特是一个重要的物流和仓储中心，而与之相关的低技能工作，无法让其从业者从中获得在采矿业中能找到的那种自尊和团结，可采矿业已经没有了。斯托克城在历史上生产过举世闻名的陶瓷制品，但它现在的领头企业是博彩公司"Bet365"，它靠割低收入赌徒的韭菜挣钱，这能带来的成就感无疑是很有限的。这两个选区虽不是英国最贫困的选区，但经济都很低迷，在全国 650 个选区中分别排在第 434 位和第 582

位。[1] * 值得一提的是，在英格兰最贫困的选区利物浦沃尔顿（Liverpool Walton），2019 年大选工党赢得了 85% 的选票。

工党在唐卡斯特和斯托克等地区的衰落是持续、缓慢和无情的。1966 年，工党对保守党的选票优势在全国的平均值为 6% ，但在唐谷是 50%，在斯托克北是 43%，分别比全国平均值高出了 44% 和 37%。[2] 从下文中的表 1 能够看出，工党在随后的大选中的当地选票优势在逐步下降。

表1 地方选举中工党相对于保守党的得票率 77

	唐谷	北斯托克
撒切尔夫人执政之前 1966年、1970年、1974年×2	42	34
撒切尔夫人执政期间 1979年、1983年、1987年、1992年	28	29
布莱尔执政期间 1997年、2001年、2005年	22	34
后布莱尔时代 2010年、2015年、2017年	17	16
2019年	-10	-16

资料来源：下议院图书馆（2020 年 4 月 17 日）。

工党在许多传统票仓的衰落，不仅仅归因于科尔宾作为党魁的不称职或英国近来对脱离欧盟的担忧——这些问题只是加速并固化了 50 年来的不变趋势，并非根本原因。脱欧派在斯托克北和唐谷分别以 72% 和 68% 的得票率大胜，但这是选

---

* 我们分析特伦特河畔斯托克时所使用的是特伦特河畔斯托克北部选区的数据。特伦特河畔斯托克南部选区和中部选区的数据与北部选区的类似。——作者注

民们长期不满于国家及传统地方政治的**结果**，并非这种不满的**起因**。[3] 早在脱欧成为棘手的政治问题之前，特立独行的无党派人士就已在唐卡斯特和斯托克赢得了市长选举。

唐谷和斯托克北是英国东南部以外较小工业城镇的代表，那些地方长久以来对工党的支持终于在 2019 年瓦解。1991—2015 年，彼得·海恩（Peter Hain）是南威尔士曾经的矿业城镇尼司（Neath）的国会议员。1966 年工党赢得了尼司 80% 的选票；到了海恩第一次任期中的 1992 年，工党的得票率仍为 68%。海恩最后一次竞选尼司这个席位是在 2010 年，并以 46% 的得票获胜。工党候选人虽然赢得了 2019 年的选举，但得票仅是 53 年前的一半：43%。海恩在选举结束后的第二天评论道：

> 我注意到了工党的整个基础是如何在我们脚下分崩离析的，就像在尼司和南威尔士山谷里的那些传统根据地发生的那样。矿业和重工业等领域的大型工会之间的有机联系，以及社交俱乐部、公益福利俱乐部、橄榄球俱乐部等等之间的有机联系都断裂了，从而导致工党与基层社会发生联系的根系已经基本解体。[4]

海恩强调传统工人阶级聚集地区的社群在衰落，从而点出了工党的核心问题，指出了人们对工党不断变化的政治忠诚度所涉及的更广泛因素，这也就暗示了解决问题的办法。

利物浦沃尔顿的政治虽然走向了与大趋势相反的方向，却依然揭示了社群结构和政治倾向之间的关系，尽管是以一种自相矛盾的方式。虽然它目前在英国是工党最稳固的选区，在整个 20 世纪 50 年代，利物浦沃尔顿选出的都是保守党议员。在 20 世纪的大部分时间里，利物浦和格拉斯哥（Glasgow）这两个工人阶级聚集的城市，远比他们的社会构成所代表的价值取向要保守得多。这是爱尔兰天主教社群和强势的新教多数派的分裂所导致的结果，两个派系也分别代表着工党和保守党的政治归属。直到教会和激进的新教"橙带党"（Orange Order）的影响力开始下降，宗教派系之间的分歧才逐渐弱化到了类似于埃弗顿和利物浦足球俱乐部支持者之间的对立，这种对立要温和很多，不再具有什么政治意义。*

20 世纪 50 年代，利物浦和格拉斯哥反常的保守党优势不再，于是政治学家彼得·普尔泽（Peter Pulzer）得以在 1967 年写道："阶层是英国政党政治的基础，其余一切都是修饰和细节。"[5] 等到了 2019 年，这样的说法又成谬论了，政治认同的阶级基础已完全消失，甚至说在某种程度上已经逆转——大选结果显示，保守党对 C2DE 选民（广义的工人阶级）的吸引力比对 ABC1 选民（广义的中产阶级）的吸引力更强，在

---

* 这并不是说利物浦的政治变得正常了，其传统结构的崩溃其实造成了一个真空。有一段时间，利物浦由自由党控制（那时候的自由党还是自由党）。1981 年托克斯特斯区的种族骚乱持续了九天，警方使用了催泪瓦斯驱散人群。骚乱直接导致了保守党部长迈克尔·赫塞尔廷（Michael Heseltine）被任命领导一个城市重建计划，该计划后来被证明是非常成功的。大约与此同时，托洛茨基激进组织（Trotskyite Militant）控制了当地工党，把市政管理得一团糟，直到其领导人德里克·哈顿被开除出工党，并因腐败指控被审判，最终被宣告无罪。——作者注

C2DE 选民中保守党领先工党 15 个百分点，在 ABC1 选民中只领先 10 个百分点。[6]

结果是工党成了一个看似不可能的联盟：利物浦沃尔顿是英国最贫困的选区，1964 年工党在那里仅以微弱优势获胜，今天那里却成了工党最稳固的席位，回归了工党的阶级属性。而作为英国人均收入最高的选区，肯辛顿在 2017 年却出现了工党支持率最惊人的增长（尽管该党在 2019 年以微弱劣势失去了这个席位）。同样，苏格兰最富裕的选区爱丁堡南是工党在苏格兰唯一的席位。显然，工党在竞选中提出的优先事项使得两组少数人建立了联盟：一组是英国社会中最穷困的人，他们的主要兴趣在于获取更高的救济补助；另一组是那些最富有的人，他们的主要诉求是表达性的——表达他们高强度的同理心。

基于阶层的政治倾向之终结

要想理解今天英国人的投票行为，我们需要关注选民的年龄和教育程度，否则无法解读肯辛顿；还需要知道社群的角色和作用，否则弄不明白利物浦沃尔顿、尼司、唐谷和斯托克北。这些因素当然都是相互关联、相互作用的。

阶层不再决定投票行为，年龄的影响则很明显。在 18—24 岁这个年龄区间的选民中，工党支持率领先 35 个百分点；在 70 岁以上的选民中，保守党支持率超工党 53 个百分点。[7] 并且这个梯度是稳定的，以 39 岁为分水岭：这个年纪的选民支持工党和保守党的概率是一样的。这是一种队列效应吗？——那些出生在世纪之交的人是天生的工党支持者，而出生在20世纪50年代的人必然是保守党人？但考虑到后者在退休后才成为保守党支持者，之前曾是"六八一代"革命领袖，后半句的准确性就存疑了。这似乎印证了那句被普遍认为是本杰明·迪斯雷利（Benjamin Disraeli）的名言："一个人在16岁的时候如果不是自由派，他就没有良心；在60岁的时候如果不是保守派，他就没有脑子。"*

但年龄和教育程度的影响，表现出高度的重合。在只有普通中等教育证书或以下学历的群体中，保守党支持率领先33%；在拥有本科或以上学历者中，工党领先14%。[8] 但在1950年出生的人中，只有8%上过大学，而这个比例在今天的总人口中是大约一半，因此大学毕业生这个群体比英国的整体人口要年轻得多。[9]

基于阶层的投票倾向的减弱与政党认同的逐步降低有关。在1966年的选举中，只有12%的选民把票投给了与1964年选举时不一样的党；但到了2015年，有43%的选民抛弃了自己在2010年时的选择，改投其他党，工党和保守党外的几个党也获得了有史以来最高的选票份额。尽管两大政党在2017年已经恢复了主导地位，选民的这种"不忠"

---

* 似乎没有任何可靠证据表明他确实这么说过。关于这一观点的出处存在争议：我们所能发现的最早的类似表达，出现在约翰·亚当斯（John Adams）和一位尤文博士(Dr Ewen)的谈话里。亚当斯说："一个男孩在15岁的时候如果不是民主党人，便一无是处；如果在20岁时成了民主党人，则一样一无是处。"(T. Jefferson, 1799年)。——作者注

依然很明显。[10] 英国的政治态势因此变得比过去更不稳定了，这不仅为实用主义者提供了契机，也让民粹主义者和煽动者有机可乘。

投票行为的决定性因素从社会阶层变成了年龄和教育水平，这并非英国独有的现象，也不是由关于英欧关系的看法分歧所导致的。同时它也不是个新鲜事，类似的变化在大多数西方民主国家中都已出现，并且已经发展演变了几十年。在2016 年的美国总统大选中，希拉里·克林顿（Hillary Clinton）在 18—29 岁的选民中以 18% 的优势击败了特朗普，但在 65 岁以上的选民中她却落后 8%。在没有受过大学教育的人中，特朗普比希拉里受欢迎，但在大学毕业生中希拉里轻松领先于特朗普。最值得注意的是，在没有进过大学的白人男性中，有67% 把票投给了特朗普，28% 投给了希拉里。[11]

的确，由职业界定的社会阶层与投票行为之间的关系发生的反转在美国表现得比在英国更为明显。正如理查德·佛罗里达（Richard Florida）所说的："我们目睹的是美国政治版图的乾坤大挪移。"追溯到 20 世纪 30 年代，蓝领阶层是民主党选民的中坚；但今天，那些工人阶级人口较多的州已坚定地加入了共和党阵营；而那些由知识界、专业人士和服务行业从业者构成的创意阶层占主导地位的州则成了蓝色(民主党)州。"[12]要想找到一个希拉里的支持者，得找加利福尼亚的美甲师或纽约的医生；要想找到一个特朗普的支持者，试试在怀俄明州找一名焊工，或者在亚拉巴马找一位卡车司机。

唯能体制的崛起

迈克尔·杨于 1958 年出版的《唯能体制的崛起》(*The Rise of the Meritocracy*)为英语世界贡献了一个新词。然而今天我们似乎忘记了，它其实是个讽刺作品。剧情设定在 2033 年，书里描绘了一个由天赋而非出身决定地位的社会——作者将它视为**反乌托邦**。在起草工党 1945 年宣言近 50 年后，已经受封勋爵的迈克尔·杨发现，他当初担心的许多事都已经发生了："在一个崇尚天赋的社会里被认定为没有天赋，是让人难以承受的。**社会底层从未如此在道德上被剥了个精光。**"（强调为作者所加）[13] 他的这些话可以刻在工党的墓碑上。

工党最初是代表社会下层的政党。尽管 1974—1980 年的工党财政大臣丹尼斯·希利 (Denis Healey) 从未说过他要劫富济贫，但那一代的政治评论员们都认为他确实那么做了——他将个人所得税的最高税率提到了 83%。尼尔·金诺克 (Neil Kinnock) 是最后一个有工人阶级背景的工党领袖，尽管他本人上过大学，但他的父亲曾是一名矿工；他也是最后一个拒绝接受唯能体制、对其残酷的社会影响提出质疑的工党领袖。他在 1983 年的竞选活动中提醒人们要警惕撒切尔夫人的执政重点："我告诫你不要平庸，我告诫你不要年轻，我告诫你不要生病，我告诫你不要变老。"[14] 可惜的是，这场著名的演讲没能让足够多的普通人、年轻人、病人和老人响应他的号召。工党遭遇惨败。

随着工党成分构成的变化，工人阶级关注的重点逐渐让位于个人主义意识形态。到 1997 年工党重新掌权时，它已经

明确接受了唯能体制。在此之前保守党已将个人所得税的税
率上限从 83% 降到了 40%，布莱尔和戈登·布朗（Gordon
Brown）承诺维持现状。用彼得·曼德尔森（Peter Mandelson）
的话来说，尽管有一部分人"富得流油"，但新工党不会"大
惊小怪"。[15] 金诺克关心的普通人、年轻人、病人和老人会得
到更高的救济补助。只要经济蓬勃发展，最富有的人能缴纳税
款（这是个常被忽视的事实，曼德尔森提醒了我们），救济补
助就不缺钱。

　　毕业于牛津大学的布莱尔是大律师的儿子，而曼德尔森则
是战时内阁成员赫伯特·莫里森男爵的孙子，他们双双拥抱了
唯能体制。布朗出身于一个普通的牧师家庭，曾任爱丁堡大学
的"学生校长"，是那种认为自己"了解模型"的领导人的典
型代表：他接受了许多市场原教旨主义理论，但同时又相信税
收和福利制度能应对市场原教旨主义造成的不良后果。*布朗
在整个公共系统中大力部署监测激励措施，以实现全球救世主
义为奋斗目标。

唯能体制的伪装

　　但新工党的重组忽视了迈克尔·杨提到的"社会底层从未
如此在道德上被剥了个精光"。这句话想要表达的是，弱势的
人们需要知道社会珍视他们，认为他们有价值。随着熟练手工

---

*　因此他认为福利经济学的第二定理和第一定理都是对的。——作者注

劳作机会的减少，特别是在远离富豪投资的英国乡村，社会底层想要的不是更高的福利，而是更多的机会——由福利支撑的消费无法代替自给自足挣得体面生活所能带来的尊严感。

　　在 1992 年出版的《知识分子与大众》(The Intellectuals and the Masses) 中，约翰·凯里（John Carey）讲到唯能体制与工人阶级的实际生活之间的差距在不断扩大，尽管前者一直在假装拥护后者，要为后者谋福利。他说斯托克城及周边地区的编年史作者阿诺德·贝内特是他这本书的主角。[16] 弗吉尼亚·伍尔夫（Virginia Woolf）曾语带嘲讽地提到过贝内特，这位高度自觉的女知识分子嘲笑他对社会中单调的物质问题感兴趣。"大部分房子的居住者也是房子的主人，他们是自己领土上的绝对君主，喜欢晚上在铺满煤灰的花园里，在一片迎风飘扬在晾衣竿上的衬衣和毛巾之间，发点儿小牢骚。永久产权是维多利亚时代经济最后的成功，是精明勤奋的设计者的巅峰时刻，也是房屋互助协会秘书那类人群心中的天堂。"伍尔夫轻蔑地写道："一句有洞察力的话，比这些长篇累牍的描述有用得多。"[17]

　　但她自夸的"洞察力"并没有超越她的居住地布卢姆斯伯里（Bloomsbury）的边界，而永久产权却确实反映了许多城镇居民的美好期许。对人们来说，永久产权和公簿持有保有权 *

---

*　公簿持有保有权是起源于英国中世纪的土地占有方式。国王拥有全国的土地，各级封建贵族和农民在向国王及上级领主履行各种义务的限制条件下占有和使用土地。这种土地保有权受到庄园法庭的保护，法庭会将相关的权利义务记录在案，农民自己也可以获得一份记录副本，此即"公簿"。近现代资本主义在发展过程中逐步剔除了与土地相关的封建权利义务关系，但这种古老的土地保有制仍延续了下来。——译者注

之间的区别是非常重要的，而伍尔夫却嘲笑贝内特对这一点的关注。许多人后来得以在撒切尔政府的"购买权"计划以及房屋互助协会的帮助下，获得了永久产权。

新工党没有认识到这一切，是因为它在价值观上与普通民众的距离太远。该党现在由教师等公共部门的专业人士主导，可想，这其中的许多人对商业都只有较肤浅的认识，如果商业真的只是为了"股东价值最大化"，这些人士不可避免地会问我们在第二章中提出的那个问题："我们为什么要允许它们这样做？"他们排斥在私营领域就业，而且为此感到自豪。这种心理也许带着一层怨恨：因为放弃了获取更高收入的机会，又不得不眼睁睁看着抓住了机会的逐利者高调炫耀高收入而产生的怨恨。类似这样的道德优越感以一种强迫性担忧的样态表现出来，比如 NHS 绝不能与任何商业有联系，以免遭到污染。

这样的道德优越感在左派中蔓延。一个激进小团体在党内强推一个与以往风格迥异的路线，把身处中心城市以外的工人阶级边缘化；2015 年，它又以新工党太在意选举输赢为由对其进行攻击，指责其动机不纯，在道德上站不住脚。美国民主党人也经历了类似的变化，希拉里·克林顿在说出"可憎"这个词的时候[*]，便显露出了所谓进步的唯能体制的真实面目。英国工党的科尔宾是表现式个人主义的典型代表，他在抗议中所

---

[*] 2016 年 9 月 9 日，希拉里在一次竞选募资活动中表示："你可以说特朗普一半的选民很'可憎'。对吧？种族歧视、性别歧视、恐同、仇外、仇穆，总有一样符合他们。"她的这番言论，尤其是"可憎"一词，引起了巨大的争议。希拉里本人后来承认，这番言论是致使她输掉大选的原因之一。——译者注

表现出来激情具有极强的表演性，以至于他的支持者一度原谅了他显而易见的无知。

随着保守党党员群体的不断萎缩，一小群市场原教旨主义、自由意志主义和占有式个人主义的狂热支持者在1979—2010年开始崛起。但随着工人阶级选民开始抛弃工党，实用主义在选举中的优势又开始逐渐显现出来：戴维·卡梅伦（David Cameron）、特蕾莎·梅（Theresa May）、鲍里斯·约翰逊这三任在非意识形态化上表现各异的保守党党魁，相继为保守党增加了工人阶级选票。

可是，特蕾莎·梅在政治上实在是无能透顶，居然提出要没收阿尔茨海默病患者拥有的房子*，这一提议引起了她的许多潜在支持者的警觉，最终把票投给了工党，遂使保守党之前在民意调查中的巨大领先优势在2017年瞬间消失。到了2019年，保守党已经从此前的错误中吸取了教训，拿下斯托克是对伍尔夫和与她持相同论调者的有力反击。

在某个地方，在任何地方

迈克尔·杨在2001年写道，唯能体制出现后，"无人领

---

*　2017年，特蕾莎·梅领导的保守党提出了一项政策建议，将免费享受社会照护的资产门槛由此前的23,250英镑提高到了10万英镑。该政策同时规定，在病人享受社会提供的居家照护时，病人的住宅用房应被计入总资产；资产超过10万英镑但无力支付的病人可暂不缴纳费用，待去世后，再以房产抵扣。因为阿尔茨海默病患者非常依赖社会提供的居家照护，如果政策落实，意味着他们去世后，后代将丧失房子的永久产权。——译者注

导的群众失去了部分选举权，并且随着时间的推移，他们中越来越多的人将脱离政治、心怀不满，乃至懒得投票"。杨提到1945 年工党政府主要的两位政策制定者——欧内斯特·贝文（Ernest Bevin）和赫伯特·莫里森，他们都在 11 岁时就辍学了。杨感叹道："现在工人阶级的代表已不再是他们的自己人了。教育选拔剥夺了他们中的许多人成为领袖的资格，这些人对自己所属的阶层有持续且明确的身份认同，本该是工人阶级理所应当的领导者和代言人。"杨预见到了唐谷和斯托克发生的一切。值得一提的是，被击败的工党候选人都有大学学历，并且都来自南方。*

85　　　在这个新的唯能体制中，上层集团的成员资格是由教育而非阶层决定的。未来的欧内斯特·贝文和赫伯特·莫里森几乎肯定会来自能上大学的那半数人口。这种在工人阶层中进行选拔的做法，不仅削弱了该政治阶层的代表性，不再关注该阶层的需求，还使得有才华的年轻人都离开了自己的社群。最新一次的人口普查（2011 年）揭示了受过教育的年轻人的搬离，

---

*　唐谷的前工党议员卡罗琳·弗林特（Caroline Flint）有一点是值得赞扬的：她是真的住在那个选区里，因此非常清楚她的选民们和科尔宾领导的工党之间的隔阂有多大。工党当然也没有对她客气。此时此刻，伦敦南伊斯灵顿选区（工党多数，17,228 票）工党议员艾米丽·索恩伯里（Emily Thornberry）已威胁要对弗林特女士采取法律行动，原因是弗林特声称索恩伯里曾对她说自己很幸运，因为唐谷的选民不像南伊斯灵顿选区的那么愚蠢。索恩伯里女士否认曾经说过这种话。这段小插曲能帮助预见工党未来在唐谷等选区的前景。露丝·斯米斯（Ruth Smeeth）在斯托克北被击败。她曾在斯托克附近读书，但后来去了别处上大学并一直没有回去过，直到被定为当时还是工党安全席位的斯托克北选区候选人后才回到了那里。——作者注

给唐谷和斯托克这两个地方造成的长久影响：唐谷是全国所有
选区里学生占比最低的选区之一；斯托克北属于平均水平，但
不是因为在斯托克长大的孩子都留在那里上大学，而是因为斯
托克能为在不远处的基尔（Keele）读本科的学生提供三年的
廉价宿舍。

戴维·古德哈特通过区分"任何地方"和"某个地方"
来关注这个问题。读过他的《通向某处之路》（*The Road to
Somewhere*）一书的人会惊讶地发现，**大多数英国人今天仍然
住在离他们 14 岁时的住所不到 20 英里远的地方**。[18] 就像本
书的两位作者以及 2015—2019 年的斯托克北议员弗林特女士
和斯米斯女士一样，许多读者早年离开了家乡，去别处读大学
或就业，从此再也没有在家乡生活过。当他们以访客的身份回
归时，他们已经功成名就，像两位作者一样持有航空公司的常
旅客卡，能与世界各国首都里的同阶层精英自如地交谈。他们
的活动范围可以是任何地方，他们可以无处不在。因而他们很
难理解，具体的场域、社区、街区邻里，对那些活动范围仅限
于具体某个地方的人来说为什么重要；而唐谷、尼司和斯托克
的大多数选民都属于后者。

鲜有什么议题比移民和脱欧更能分裂英国社会，更能凸
显活动于"任何地方"和"某个地方"的两个群体之间的差
异。而这种差异始终让前者感到困惑。或许他们应该多出去走
走——乘坐公共汽车而不是飞机——这样他们才有可能理解这
些分歧的症结所在。

"任何地方"的下一代往往也是"任何地方"，"某个地方"

的下一代往往也会是"某个地方"。文化是通过家庭传播的。
而在唯能体制的统治下，社会文化差异的代代相传在很大程度
上被教育系统的学区固化了。事业成功的父母能为他们的孩子
创造更好的机会，不是通过教会他们恰当的礼仪和高贵的口音，
而是通过帮助他们掌握驾驭唯能体制的技能。此外，与活动范
围和自由度严重受限的父母不同，成功的父母能资助孩子的
"间隔年"，让孩子在升学或就业前体验一下完全不同的生活方
式或社会环境。瑞士和所有北欧国家还会以抽签的方式，在等
待大学开学的中产阶级年轻人里征兵，这么做并非出于军事目
的，而是为了促使他们与来自工人阶级的同龄人共处和交流。*
但在英国和大多数富裕国家，"间隔年"往往被花在一些能展
示个人的道德秀上，或者干脆是异国旅行。这些诱人的异国往
往很遥远，但上下阶层的距离更遥远。

　　可以想见，工人阶级那曾经针对贵族和资本家的怨恨，现
在指向了大都市精英：政客、记者、学者、律师和银行家。
2008 年金融危机表明，这类现代精英中的许多人，他们的能
力根本配不上他们的特权及高收入。于是，矛盾加剧了。

　　当然，鲍里斯·约翰逊和唐纳德·特朗普也都是至尊特权
的产物——前者曾就读于伊顿公学和牛津大学，后者是世界顶
级的沃顿商学院毕业生，像乃父一样是纽约房地产商。因此从
表面上看，工人阶级把选票投给他们，实在令人费解。但正如
"虎妈"蔡美儿观察到的，特朗普"无论是品味、情感还是价

---

* 这些国家不认为这种做法已经过时了。瑞典在 2010 年取消了征兵制，但 2017 年
　又恢复了。——作者注

值观都与工人阶级白人很相似……比如他（在更衣室里）说话的方式、着装、信口开河、说错话等"。[19] 而约翰逊无礼的玩笑和混乱的私生活，使他散发着反建制派的强烈吸引力，这无论对大都市年轻人还是乡村的工人阶级都很起作用，所以前者把他选成了伦敦市市长，后者帮他当上了首相。此外，约翰逊给人的印象是一个务实派，他了解工人阶级的担忧。他抛弃了减税以及奥斯本和哈蒙德（Hammond）*的财政节俭政策中的市场原教旨主义残余，并将政策目标从最大限度地促进国内生产总值增长，转向拉高城镇乡村收入水平以及控制移民。他还驳斥了撒切尔夫人那句"根本就不存在社会这种东西"，宣告"社会是存在的"。这一切的结果是，那些曾经支持工党的克莱门特·艾德礼的工人阶级选民，现在把自己的信任和支持给了保守党的鲍里斯·约翰逊。问题是：约翰逊以及现代社会中的其他领导人，如何才能不辜负这份信任？

---

*　指菲利普·哈蒙德，2016—2019 年的英国财政大臣。——译者注

第三部分

共同体

第八章

我们的社群本质

人本质上是社会动物。一个天生而非偶然离群索居的
人，要么不值得我们理会，要么不属于人类。社会先于个
人而存在。任何不能过共同生活的人，或者自给自足到不
需要过共同生活、并因此不参与社会的人，要么是野兽，
要么是神。

——亚里士多德，《政治学》，大约公元前 330 年

"经济学家和政治哲学家的思想，无论对错，都比人们通
常以为的更具影响力。我们甚至可以说，世界是由他们统治的。
那些自诩不受学术理论影响的务实派，往往是一些过时的经济
学家的奴隶。"凯恩斯的这些话在 1936 年和在今天同样适用。
那些将社会生活简化成个人与国家之间的斗争的思想有怎样的
危害，本书已有所展示；现在我们来谈谈纠正这种思想的哲学
和科学。它们提醒我们，那些极度简化的思想中缺失了一个关

键角色：社群。

罗尔斯和诺齐克这两位哲学家，表面上虽然对比鲜明，但他们都声称：正义要通过把"个体是自私的"视为不证自明的公理，同时不把这个个体置身于任何特定的社会情境中来实现。权利话语主张普遍性——权利就是权利，不分地点和时间。如果一些社会不重视或不兑现这些权利，那只能说明**它们**仍处于原始的蒙昧状态。

我们在这一章中提倡的社群主义有两个相关的核心主张。首先，我们不认为人类是执着于个人利益最大化及个人幸福观的自私个体：人们追求的自我实现，在很大程度上要通过与他人互动来完成，无论是在家庭中、在街道上、在村庄里、在工作中，还是通过其他各式各样的交往方式。我们认为，道德、社会和经济主体并不是非个人即国家——社会是一个网络，个体通过参与这个网络中丰富的、互动性的群体活动求得自我实现。其次，我们要重提"公民社会"这一概念。这个术语现在通常用来特指非政府组织的活动，而我们则选择采用其更纯粹、更广义的含义。

这两个关于人类发展繁荣和公民社会的看法，都是由亚里士多德首先阐明的。人类的目的是获得**幸福**，过好生活，因此衡量社会好坏的标准是看它是否具有创造相应条件的能力：实现幸福、促进繁荣的条件。与功利主义的理性自私个体的效用总和最大化相比，这是一个很不一样的衡量标准：自我实现意味着实现美德——诚实、勇气、同情心、耐心、公平交易。

但发展和繁荣需要平衡与适度，即便事关美德也是如此：

诚实不意味着我们必须告诉孩子他们艺术或体育造诣的深浅；耐心太少是性格弱点，太多也是；富有同情心值得赞赏，但作为一种美德，它的具体表现该是对陷入困境的邻居给予实质帮助，而非杰莉比夫人那种不切实际的全球救世主义。世上真的没有放之四海而皆准的绝对准则——不像康德坚持的那样，他认为说真话的义务意味着人们有必要告知一个潜在的杀人犯他想杀害的人在哪儿，或者像现代人权律师那样，竭尽所能确保已被定罪的贩毒团伙不被驱逐出境。

那么，社群主义的路径是否比个人主义的虚假承诺更可能达成自我实现的目标？亚当·斯密将**幸福**描述为"值得爱"。而"经济人"除非得到适当的激励，否则就是贪婪、自私、懒惰的，这样的人不值得爱，而且现代心理学里也找不到这样的人能够自我实现的理论依据。心理学家亚伯拉罕·马斯洛（Abraham Maslow）的需求层次理论将生存的经济需求放在最基础的位置上，一旦这些目标实现了，我们就会开始寻求归属感、尊重，并最终寻求自我实现。[1]需要强调的是，"自我实现"指的并不是在 Instagram 上发一张自拍照或者其他类似的身份表达方式。马斯洛认为只有极少数人能做到"自我实现"，因为它意味着挖掘出一个人的全部潜力，让一个人成为最好的自己。马丁·塞利格曼（Martin Seligman）是幸福心理学的先驱。他有一个结论："人与人的关系虽然不是一切，却几乎是一切。"这个结论话糙理不糙，它呼应了亚当·斯密和亚里士多德的思想。意志自由只有被放在人与人的关系之中才有意义。[2]

93

社群

社区这种社群形式通常与地方的联系最直接、最紧密。但还存在许多其他类型的社群，比如宗教教派、体育俱乐部、读书会、观鸟俱乐部、校友团体等。这些原本琳琅满目的集体活动都衰落了，让罗伯特·帕特南（Robert Putnam）在《独自打保龄》（*Bowling Alone*）一书中哀叹不已。

公民社会由具有共同价值观和行为规范的社团组成。亚当·弗格森（Adam Ferguson）是苏格兰启蒙运动哲学家，与亚当·斯密是同代人，二人时有来往，他在 1767 年发表了《文明社会史论》（*An Essay on the History of Civil Society*）。年轻时的弗格森曾是苏格兰高地黑卫士兵团的随军牧师，这是一支为平定詹姆斯党人叛乱及维持苏格兰高地治安而成立的步兵部队。"黑卫士"这个名字很大程度上表明了人们对它的看法。当时的公民社会站在强制性国家军事等级制度的对立面上。

不熟悉亚当·斯密作品的现代人在谈到他时，尊他为个人主义的教父，事实上真相完全相反：亚当·斯密绝不是一个个人主义者，而是一个社群主义者。在他的重要哲学著作《道德情操论》（*The Theory of Moral Sentiments*）中，他请读者运用他们富有同情心的想象力，尝试从他人的角度来看待事物，做一个"公正的旁观者"。不偏不倚需要的不是冷漠超然——我对邻居的孩子应该比对远方不知姓名的孟加拉人更上心；不偏不倚要求人们不能自私，而在约翰·罗尔斯眼里，自私只有在个人对其在未来社会中扮演的角色完全无知的情况下才能消失。而斯密所指的"公正的旁观者"与罗尔斯的"无知之幕"背后的人不同："公正的旁观者"对自己在社会中扮演的角色有清晰的认识，但他不强调"我"，他强调"我们"。

亚当·斯密认为《国富论》（*The Wealth of Nations*）和 94
《道德情操论》中的观点并不矛盾。市场中的关系永远是**人与人之间的关系**。斯密终身未婚，跟母亲相依为命。母亲操持家务之余会跟面包师和屠夫交谈，而斯密则与大卫·休谟（David Hume）、弗格森以及当时爱丁堡（Edinburgh）最杰出的知识分子群体来往甚密。在他的世界里，我们可以追求自己的利益，这主要是因为我们比任何人都更了解自己，更了解自己的利益所在；但追求个人利益不得以牺牲他人利益为代价。屠夫首先是一个人，一个有着多重义务的人，其次才是屠夫。

可见，社群主义思想在经济学诞生之时就已经出现了。但不幸的是，在斯密死后，人们只记得他关于屠夫是商人的看法，并最终将其鼓吹成了"经济人"，一个斯密本人会非常厌恶的形象；而他关于屠夫首先是个负有义务的人、一个好的社会应该情感和谐等观点，在很大程度上被遗忘了。*

社群主义思想的演变

18 世纪的社群主义不只存在于爱丁堡的沙龙里。爱尔兰

---

* 杰西·诺曼（Jesse Norman）在埃德蒙·伯克（Edmund Burke）的传记之后，又于 2018 年出版了一本关于亚当·斯密的好书（Norman，2018 年），在其中纠正了这个偏颇。——作者注

作家和政治家埃德蒙·伯克曾写道："隶属于一个集体、喜欢我们自己的圈子，是公共情感的发端及首要原则，也是滋生对国家、对全人类的爱的首要环节。"[3]

黑格尔在 19 世纪早期完善了"公民社会"的概念，将其看作是家庭和国家之间的纽带。[4] 法国贵族亚历克西斯·德·托克维尔（Alexis de Tocqueville）也在《论美国的民主》（*Democracy in America*）中讲道："年龄、生活方式和性格各异的美国人永远都在马不停蹄地建立联系、组建社团……在民主国家里，结社的学问是一切学问之母，其进展是一切其他进展之前提。"[5] 卡尔·马克思也曾断言："人们在社会生产过程当中，会建立起明确的生产关系，这些生产关系不可或缺且独立于他们的意志，并与物质生产力的具体发展阶段相适应。这些生产关系的总和构成了社会的经济结构。"[6]

现代社群主义思想的起点被广泛追溯至牛津哲学家伊丽莎白·安斯康姆（Elizabeth Anscombe）1958 年的文章《现代道德哲学》（'Modern Moral Philosophy'），*但它的一次重要复兴发生在 20 世纪 80 年代。它的一位支持者阿米塔伊·埃齐奥尼（Amitai Etzioni）表示：

> 社群主义是一门社会哲学……它强调社会在阐释善这方面的重要作用……社群主义者研究关于善的共同理念及其形成、传播、正当性以及执行方式。这也就是为什么他

---

* 安斯康姆的文章激发了德性伦理学的复兴，社群主义是其中一个分支。——作者注

们的兴趣点在社群（和其中的道德互动）、价值观与习俗
的演变和传承，以及传播和执行价值观的社会单位，比如
家庭、学校、自发性组织（包括礼拜场所），这些都是社群
的组成部分。[7]

有一群和埃齐奥尼一样的思想家，他们阐释了社群主义，
却显然没能形成一个自己的社群。其中的代表人物包括阿拉斯
戴尔·麦金太尔、C. B. 麦克弗森（C. B. Macpherson）、迈克尔·
桑德尔、查尔斯·泰勒（Charles Taylor）以及迈克尔·沃尔泽。
美国新实用主义哲学元老理查德·罗蒂（Richard Rorty）也通
常被视为社群主义者。

进化与"经济人"

在达尔文之后的近一个世纪里，进化论一直被视为是支持
"经济人"的——贪婪和自私的人更容易在对食物、住所和伴
侣的争夺中胜出。"物竞天择，适者生存"适用于几乎所有哺
乳动物。许多人都了解猫的贪婪和自私，保罗现在就把自己那
只名叫格里苏的猫看作"猫咪经济学"的样本。

但 20 世纪 60 年代出现的关于进化的新解，以及进化心理
学的最新研究进展，都讲述了一个完全不同的故事。人类能够
获得成功不是靠自私和精明，而是因为善于交际。在运转良好
的健康社会中，人们会构建并遵从一个庞大的责任网络，相互
承担义务、表达善意，这些都是"经济人"无法做到的。进化

96

生物学家尼古拉斯·克里斯塔基斯（Nicolas Christakis）总结道：
"全人类都预设了一个特定的最佳社会形态的模板，它充满爱、
友谊、合作和知识。"[8]（但一段臭名昭著的视频显示，他的
一些学生已经颠覆了这一预设。）[9]

　　除去一些特例之外，人类已经进化到了具有亲社会性、能
享受社交的地步。我们都渴望从属于一个群体，并珍视这个群
体中的其他人对我们的好感与好评（这一点至少在上面提到的
视频中表现得很明显）。为了寻求归属感和获得别人的尊重，
我们可以放弃物质利益；但我们又不止步于获取别人的尊重，
我们还渴望被爱，渴望自尊，像斯密所说的那样希望自己是
"值得爱" 的。同时，我们在这个过程当中也有了道德承载，
并能依照这些责任和义务所提出的要求相应地调整自己的行
为。那些促使我们获得成功的基因，需要我们在一个群体之中
时才能发挥作用。解决先天与后天、群体选择论与个体选择论
之间长期争论的办法，是承认它们之间有无法切割的联系。

　　然而，科利尔的猫格里苏让我们意识到了一个问题——在
一个为大家服务的集体中做一个自私自利的成员好处多多。流
浪猫是个人主义的，贪婪且自私，但它无法偷懒，因为为了生
存它必须自己觅食。而家养的猫不但可以贪婪自私，还可以懒
惰。格里苏就具备所有这些特质，她尽享复杂的人类协作活动
带来的所有好处：渔民为捕捞深海鳕鱼所承担的风险，三文鱼
养殖者的投资，罐头商、包装商和超市供应链的互动努力——
一切皆为填满一罐猫罐头。没有任何其他物种能打造一条如此
复杂的食物链。然后格里苏会等着保罗打开罐头，把里面的东

西倒进她的碗里。整个过程中她不需要付出任何努力，除了一
声勉强的"喵"。她生活在一个没有义务只有权利、既能拥有
猫罐头还能享用猫罐头的世界里。她是猫中的贵族。

　　成功的集体不能允许离经叛道的个别成员为了优先实现自
己的目的而无视集体的共同目标。现实中它们就是这样做的。
比如它们惩罚"搭便车"的人——那些尽享集体协同合作的好
处却不为他人做贡献的人。即便是在金融危机期间操纵伦敦同
业拆借利率及其他金融市场的人，也会互发一封电子邮件，说
"我欠你一个人情"。可见这些损害了公众利益的人，在他们自
己的圈子里倒是认同互惠互利和责任的。有一个衡量亲社会性
的试验，邀请学生设立了一个公共资金池，他们可以往里面捐
款供所有人使用。此后的许多类似试验都一再表明，大多数人
心里都有一个公平的概念：他们愿意往集聚爱心的容器里放钱，
即便别人告诉他们，他们可以私享全部钱款，他们还是愿意去
分享。

　　但一篇题为《经济学家搭便车：其他人呢？》（'Economists
Free Ride：Does Anyone Else？', 1981）的文章的作者说："超
过三分之一的经济学家要么干脆拒绝回答'什么是公平'这个
问题，要么给出非常复杂、模糊不清的答案。似乎'公平'的
含义对这个群体来说有些陌生。"[10] 而在上述试验中，经济学
研究生的人均贡献还不到整个学生群体的一半。也许，经济学
的目的不是要教会学生理解经济学，而是要把他们训练成"经
济人"。

97

我们"知道模型"吗？

市场原教旨主义的假设是每个人都"知道模型"。猫是"知道模型"的，因为它们对自己生存环境的运作方式有足够的了解，从而知道自己该做什么。格里苏如果饿了，她会抬起头来，满眼乞求地"喵"一声；但在一天的大部分时间里，她会蜷缩在橱柜里，离狗远远的。她确实"知道模型"，因为她的世界很简单。但我们的世界不简单，我们也不知道它遵循怎样的模型。

98　　因此我们需要试验，通过测试和犯错来探索世界，就像格里苏还是一只小猫时所做的那样。玩耍对大多数小动物来说是自然而然的，而人类已经进化出了一种独特的、富有**想象力和创造力**的玩耍能力。松鼠在爬树和储存坚果方面的能力非常出色，但数百万年以来，似乎没有一只松鼠想过"我要过一种不同的生活"，并通过试验来进行探索。而人类具有与生俱来的**创造性**，我们不仅能够想象其他不一样的生活方式——其中一些要优于我们自己的生活方式——还敢于通过试验去探索如何实现它们。但从极客们沮丧的哀叹中我们能觉察到，人类的创造力没有跟上想象力："我们想要一辆会飞的车，得到的却是140个字符*。"[11]

创造性的想象力往往会把我们带入未知领域，导致负面或正面的后果：比如核弹、气候变化。因而我们需要灵活有弹性。

---

*　指推特，它和以前的微博一样，对单条推文有字数限制。——译者注

进化生物学已经揭示了物种生存所需的必要条件：广泛分布的多决策中心，从而避免单一化，同时还能提供来自不同源头的信息及供给，这样即使其中部分遭到破坏，整个系统仍然可以继续发挥作用。新型冠状病毒危机给我们的教训之一，就是这种投资在短期内可能看起来很低效，却是长期可持续性的关键所在。模块化和冗余对于复杂系统的适应力至关重要。

　　除此之外，去中心化还有其他同样重要的优点。第五章描述了为什么单一权威会反复失败：它的计划规模太大，无法从失败中迅速吸取教训，或者根本就没有吸取教训。进化赋予了人类相互模仿和学习的能力。要学习，我们就需要进行很多试验，需要推广创造性的活动。哈佛进化生物学家乔·亨里奇（Joe Henrich）把集体智慧视为人类这个物种成功的秘诀。集体智慧是竞争与合作相结合的产物；它先在集体中被分享和储存，再通过文化和教育传播蔓延，使得我们创造出了格里苏能从中受益但却无法理解的复杂系统。亨里奇观察到，幼猿处理问题的能力与人类的孩子相当，而前者之所以**不如**后者，在于它们不懂得相互学习。

　　尽管我们的集体智慧已变得比以往更加广博，但随着世界变得日趋复杂，我们对它的理解，尤其是与我们的生存目的相关的那部分理解，在日趋减弱。隐性知识，即只能从经历和经验中获取的知识，变得比教科书里的格式化知识更加重要了。由于隐性知识非常分散，决策权也应该相应地分散开来。但同时，随着来自生活经验的知识变得越发重要，对于缺乏生活经验的年轻人来说，自我实现变得更加困难、更容易导致不幸。

出于共同目的的沟通交流

社群既是相互关系的连接点，也是集体智慧的仓储库。一个成功的社群需要向成员灌输一种共同的归属感，阐明共同奉献、共同价值与美好未来之间的因果关系，并为向群体中其他成员发表良好意见的行为定义标准。这样就能形成一定的社会压力，使成员遵守群体义务，也使人们知道该依照什么标准判断自己行为的好坏。

以上的每一项——共同的身份，共同的目的，认可的给予——都需要沟通和说服。社群是一个交流沟通网络，但作为个人，我们只可能认识数量有限的人。只有在三五成群的时候，个体才有机会与其他个体交流。但随着我们的目标变得愈发宏大，人变得愈发雄心勃勃，我们开始需要在更大的圈子里交流与合作。为此，我们需要那些能与各行各业的人沟通的"超级沟通者"——政客、企业高管、宗教领袖和记者。然而，仅仅是他们与所有人沟通是不够的，我们还需要知道他们确实在与所有人沟通。这样一来，信息就成了**常识**：我们都知道我们都知道同样的事情。

这样的大社群就成了多层级的网络。它们有合作的潜力，并因此能为我们遮风挡雨，同时能培育出推动社会进步的竞争力和创造力。但这样的合作潜力也有黑暗面：如果没有多元化意识，狭隘可能导致停滞，从众思维会导致犯错；如果没有明确的边界和规矩，竞争能把企业变成具有严重破坏性的、推销成瘾性毒品的实体，将政客变成充满民族主义仇恨的暴力挑衅者。

　　因此，健康的社会应该既维持多元化，又规制多元化。那么，作为现代社会的重要组成部分，拥有庞大的多层级网络的社群如何能做到这一点，是社群主义治理的重要议题。

第九章

社群主义国家治理

> "除非至少在两人以上的交往中，否则人就是虚无。"
>
> —— 约翰·麦克默里，《关系中的人》[*]，1961 年

  善治为公民提供自我实现的机会。亚里士多德为善治政府提出的标准在今天依然适用。善治政府不是专权的，它必须建立在公民同意的法治之上；善治政府对寻租行为有免疫力，能抵御局部利益的裹挟；善治政府是公正的，它会努力平衡不同公民以及不同群体之间的利益。由这样的政府执掌的世界，会与自以为是、自恋的表现式个人主义所主导的世界截然不同，也会与政客或官员一心讨好所有人、社会福利函数最大化的世界截然不同。

---

[*]　John Macmurray, *Persons in Relation*. ——译者注

政治舞台上的社群主义者

如我们在前一章中所描述的，社群主义是由伯克、黑格尔、马克思这几位完全不同的政治传统的创始人发展起来的。在 20 世纪上半叶，左派和右派的修辞都有社群主义色彩，左派强调团结，右派强调国家意识，这二者绝不是矛盾的。富兰克林·罗斯福（Franklin Roosevelt）在抗击大萧条的过程当中就既强调团结，也强调国家意识，而丘吉尔（Churchill）则同罗斯福一道，用团结和国家意识打败了法西斯主义。战后人们试图维持这种社群主义共识，但个人主义的兴起慢慢破坏了这种主导机制，尽管现代社群主义思想家们有时能产生点儿影响。

托尼·布莱尔深受苏格兰哲学家约翰·麦克默里（John Macmurray)的影响，尽管麦克默里鲜为人知。在其思想指导下，布莱尔和他的高级政治顾问戴维·米利班德（David Miliband）玩起了社群主义的概念，提出了"利益共享社会"这个说法。但当经济政策的把控权落在戈登·布朗的手里时，这种思想就消失了。大致说来，布朗在推行市场原教旨主义的同时，用税收和福利政策来抵消其不利影响，收拾残局。这个路数被2010 年后的联合政府继承了：乔治·奥斯本严苛的财政紧缩政策有效地推翻了戴维·卡梅伦社群主义倾向的"大社会"。

社群主义思想家们的个人政治立场差别很大。麦金太尔在皈依天主教之前曾是一名共产主义者，而埃齐奥尼是一位保守的道德至上论者。社群主义中的宗教元素一直很明显：麦克默里写过他如何与信仰痛苦地纠缠，最终在暮年成了贵格会教徒；布莱尔则成了天主教教徒。而麦克弗森是哈罗德·拉斯基（Harold Laski）的学生，一辈子都信奉马克思主义。社群主义者诺曼·丹尼斯（Norman Dennis）是个言行一致的社会学家，他在英格兰北部的桑德兰（Sunderland）长大，后来回到那里生活，在纽卡斯尔大学教书，还是桑德兰市政厅的工党成员。他童年经历了道德共同体的瓦解，让他深感痛惜，晚年他在自由市场智库经济事务研究所的支持下进行相关写作。

据说，哈佛大学最受欢迎的课是社群主义哲学家迈克尔·桑德尔关于正义的讲座，其线上版本受众太广、影响太大，以致惹恼了一些不那么知名的大学的教授，认为桑德尔威胁到了他们的就业。*2010—2015 年的工党领导人艾德·米利班德曾是桑德尔的学生，很钦佩他本人和认同他的思想，并邀请他在工党大会上讲话。戴维·卡梅伦推动"大社会"理念，是受到了他的顾问史蒂夫·希尔顿（Steve Hilton）的鼓励，有很明显的社群主义特征。但 2010 年后的财政紧缩意味着许多责任被转移给了社群，而社群又没有配备担负责任所必需的资源。

103

走出公地悲剧

前文已经讲过了政治学家埃莉诺·奥斯特罗姆对小社群的研究获得了诺贝尔经济学奖，现在我们回到这个话题上来。这

---

*　圣何塞州立大学哲学系在 2012 年给桑德尔写了一封公开信，指责他是"导致学术界阶层分化的罪魁祸首"。——作者注

些小社群建立起来的社会规约，规避了那个著名的搭便车问题："公地悲剧"。[1] 虽然每个社会都不一样，但奥斯特罗姆发现所有能避免"公地悲剧"的社会规范都有一个统一模式，并且用适用于政治组织的原则来管理社群。戴维·斯隆·威尔逊（David Sloan Wilson）认为，这些原则的适用范围是可以扩大的，它们在大社会和在小社群里一样有效。[2] 这个看法很重要，因为人类在许多层面上都需要合作。基础社群通常很小，比如伯克的"小圈子"，但出于许多原因，我们需要在数千人、数百万人、甚至数十亿人中协同合作，树立起共同目标，比如在抗击大流行病时那样。这种多层级的治理能力是奥斯特罗姆推行的原则之一。

但她最根本的要求是**有界性**，即明确谁属于这个群体，谁不属于这个群体。人们当然可以加入进来，但要想树立共同目标，每个人都必须知道他们对谁负有义务，谁又对他们承担责任。一个国家的公民对本国同胞承担的义务大于他们对非公民承担的义务；相应地，公民也比非公民享有更多获取国家资源的权利。这就是公民身份的含义，也是它之所以重要的原因。公民民族主义与族裔民族主义不是一回事。

说英国政府只对英国公民而不对世界上的其他人负有特定的责任，是完全没有争议的。有界性并不意味着卢梭式的"排他性"，但它意味着吸纳新成员的速度得让现有成员感到舒适，并且新加入者必须清楚，他们有义务理解和接受这个互惠网络的规则，成为它的一分子，积极参与集体事务。

此外，奥斯特罗姆还强调了赋权：成员应该有权随着环境的变化参与修改既有规则，而我们完全可以想见，在一个充满极端不确定性的世界里，一切都可能以我们无法预测的方式改变。外人必须尊重社群成员的规则制定权，规则由社群自己掌握，不应由外人强加，也不应由一帮法律人基于臆想的普适规则、脱离该社群的实际生造出来。

在为共同目标的实现制定规则后，规则必须要强制执行，成员之间要相互监督，并对违规行为进行分级制裁。当争端出现时，解决争端的过程和方式应该是便利且低成本的，并以寻求妥协为目的。

共同目标的性质决定了具体应该通过哪一层级的社群来实现它。有些目标需要非常高层次的共同行动，例如国防；有些目标是全球性的，例如抗击大流行病；其他的则更适合一个公司，比如供应面包；或者一个家庭，比如抚养孩子；或者一个城市，比如修建地铁。总之，指导原则是权力下放：共同目标应在最低层级的合作基础之上建立并执行。

多元化和竞争的保护与限制

人类的创造力与生俱来，但创造力只有在一个多元化的环境中才能迸发。一个多元化的社会允许个人自由地思考和表达新思想，他们不会因此而遭受国家或他人的恐吓。越来越多的新想法不再纯粹来自个人，而是来自由个人组成的、协同合作的团队。运转良好、高效的组织，无论是公共的还是私人的，都会有意维护团队内部及团队之间的差异性，这与国家统一的

105

面包供应服务呈鲜明对比。

新的想法既可能来自科学研究，即编纂好的知识，也可能来自实践，边做边学。一个合理的社群主义治理结构会允许显性知识和隐性知识都发挥作用——知道"**是什么**"，也知道"**怎么做**"，彼此相辅相成。而现实与此相差很远：我们有一个自说自话的学术社群，还有一个（借用迈克尔·戈夫［Michael Gove］的恶评）已经受够了专家的社会。

但是，为了保护协同合作的能力，观点的多样性必须受到一定的限制；多元化的观点必不可少，但必须有约束，社会需要在某个时刻停止无休止的辩论。社群领导者应通过有效调解来寻求共识，但共识不能通过赋予任何少数群体一票否决集体共同目标的权力来实现，无论这些群体是贪婪的银行家，还是环保主义者；更不能允许任何少数群体阻止一个共同目标的实现，无论是通过摧毁全球金融体系，还是通过抗议来反对修机场。相向而行的能力是一个成功社会的基本特征之一，不仅有利于进步，创造美好生活，还能在艰难时期为我们提供庇护。

竞争和多元化携手并进——竞争既是多元化的结果，也是对它的一种刺激。竞争的动力促进了创新和勤勉，使整个社会以及竞争者都能受益。因此竞争不可废除。通常来说，确保成功最简单的方法就是抑制竞争对手，比如公司游说政府，要求后者保证其免遭"不公平"竞争，比如掌权者试图通过改划选区等策略来阻碍挑战者。一个成功的社会应该建立机制以抵御这些对多元化的侵蚀，也要阻挡住那些削弱这些机制的企图。[3]

但竞争也需要限制。不为自己赢利的交易也不都是合理的。

商业不得通过给社会制造麻烦来获利。如果有一帮精于算计的家伙，靠钻养老基金管理的漏洞发财致富，他们就是社会的寄生虫，不值得效仿。[4]优势利益派系绝不能利用其主导共同行动的操纵力来压制弱势群体。竞争过度与合作优先之间的界限往往不难划定。

信任程度

社群就像小艇一样，实现局地稳定的方式不止一种。其中一种方式是人们不愿意看到的，即小艇倾覆，落水者都抓住船沿。就位置而言，小艇**非常**稳定——要想把它正过来，需要落水者通力合作、付出巨大的努力才行。通常来说，在一个功能失调的社会中，集体智慧是保守的、分裂的，每个群体都会错误地将失败归咎于其他群体。当小艇倾覆，讨论的重点往往是过错在谁，而不是如何将小艇正过来。这种有害的想法会导致进一步的失败，而失败又会被曲解为错在他人的确凿证据。

一个正常、健康的社群就像一艘船位正常、配员充足的小艇，它能一直航行，把乘客送到想去的地方。但船位正常的小艇恐怕不如倾覆的小艇那么稳定，大风和巨浪都能掀翻它，因此舵手和船员需要时不时进行调整和校正。就一个健康的社群而言，破坏容易建设难。

我们在哪里能找到成功案例呢？世界上有许多关于罗伯特·帕特南所说的"社会资本"状况的调查，其中历史最悠久的是《世界价值观调查》（World Values Survey）。这个调查提了许多问题，其中一个是：人们是否普遍觉得自己可以信任他人。船位正常的小艇辨识度很高——它们是那些发达的小国，比如斯堪的纳维亚国家就总是表现很好。这些国家的人均收入都很高，社会不平等现象不严重，在幸福水平调查中总是名列前茅；在其他社会指标上亦表现出色，比如低犯罪率、低少女怀孕率、低诉讼率。[5] 其中的因果关系不是单向度的：观念、经济状况以及政体等因素错综复杂地交织在一起。

　　但也有一些船是倾覆了的，比如在功能失调的社会里，人们对他人或者机构都不信任，许多有能力、有进取精神的人一心想远走他乡。还有一些失败了的国家，在那些地方我们根本无法收集数据。有的国家则介于两者之间。从对"你能信任别人吗？"这一问题的回答来看，英国人和美国人对他人的信任度远高于哥伦比亚人和津巴布韦人，但却远低于挪威人和新西兰人。而在一些亚洲国家里，对他人的信任度很高，对机构的信任度则很低。

　　一项研究在16个完全不同的社会中进行了亲社会性试验。[6] 从哥本哈根和墨尔本能清晰地看到，亲社会性不仅意味着人们高度愿意为公共利益做出奉献，还意味着愿意对搭便车者施以惩罚，哪怕自己要付出一些代价。但在其他城市，例如利雅得和雅典，不仅小艇倾覆了，而且人们对它的倾覆状态熟视无睹；受访者不惩罚搭便车者，却惩罚那些为公共利益做出奉献的人。社会与社会之间这种巨大的差异与法治有关，比如丹麦那样的社群主义社会也是最守法的。可见社群和国家并非不同的选项：只要国家的作用降至适当位置，国家和社群是互补的。

为求同而交往

动物王国中的许多物种都进化出了首领，但它们的领导风格从来都是统治。人类是动物王国中的一分子，我们继承了靠统治来领导的动物本能。当集团间的战争发生时，威权等级制度很有效，例如温斯顿·丘吉尔的战时表现、韦德将军（General Wade）对黑卫士的领导。但如亚当·弗格森揭示的，公民社会的多元目标及其所面临的极端不确定性，对我们提出了完全不同的要求。

许多政商界领袖自欺欺人地以为自己有丘吉尔的才干，或者渴望获得韦德那样的不受约束的权力。在我们这个个人主义时代，强势的领导人会用胁迫的方式（即与审查挂钩的奖惩）逼出他所希望看到的行为。他（极少是"她"）扮演的是"总司令"的角色。

问题是，即使是管理一支现代军队，这样的方式也已经不适用了。要想树立起共同目标，人类需要的不是总司令，因为最适合应对极端不确定性挑战的领导形式是非常独特的：我们需要的是"超级沟通者"，或者"首席沟通者"。人类，**且只有人类**，进化出了一种通过**说服**而非**发号施令**来进行领导的风格。有效的说服取决于信任和集体中其他成员的好评，而赢得信任不是靠领导人说了什么，而是靠他们做了什么。

实际行动使领导者能够通过个人奉献来确立共同目标的可信性。乔·亨里奇将这些领导者的行为描述为"通过自嘲式的幽默来表达亲社会性、慷慨、好合作"。[1] 一个能有效沟通的领导者，会把增强可信度的行动与阐释复杂含义的语言配合起来使用。这样的组合至关重要：领导人总会被倾听的，但只有自身可信，才能让别人听到的东西被接受。

当我们突遇意外灾难时，我们需要优秀的领导人来树立起能够应对灾难的共同目标。尼古拉斯·克里斯塔基斯从一个准自然实验中收集到了证据：当遭遇海难时，被困的船员需要合作才能生存。在其他一些类似的情况下，一些人活了下来，另一些人没有。像欧内斯特·沙克尔顿（Ernest Shackleton）这样的领导者用自我牺牲赢得了尊重，并使几乎所有的船员都在南极极端艰难的环境中幸存了下来。而我们个人主义的时代缩影是"科斯塔·康科迪亚"号的船长弗朗西斯科·谢蒂诺（Francesco Schettino）。2012 年，这艘游轮在距离意大利海岸几英里的地方失事，导致 30 人死亡。谢蒂诺很幸运地"掉进了"一艘救生艇，将船上 300 名乘客抛在了身后。*人类生来就有合作和竞争的天性。沙克尔顿成功靠合作走出了逆境，而谢蒂诺则靠竞争率先登上了救生艇。沙克尔顿来自一种海军文化，在这种文化中，船长要和他的船一起沉没；而谢蒂诺来自西尔维奥·贝卢斯科尼（Silvio Berlusconi）领导下的意大利，他可是放纵自恋型政客的先驱。

1961 年 1 月宣誓就任总统的约翰·F. 肯尼迪是美国历史上最年轻的总统。他上任还不到三个月，中央情报局就向他提交了一份进攻古巴、推翻菲德尔·卡斯特罗（Fidel Castro）

---

* 他讲的故事太荒谬了，无法令人信服，最终被定罪入狱。——作者注

的计划；彼时，卡斯特罗于两年前刚推翻了独裁者富尔亨西奥·巴蒂斯塔（Fulgencio Batista）。美国后来把这次入侵包装成古巴军队在流亡反对派支持下发动的政变。结果是一场惨败。在美国海军协助下登陆的流亡者很快遭到围捕，被杀害或监禁。

美国心理学家欧文·贾尼斯（Iroing Janis）推广普及了"从众思维"一词，指一个群体因其成员不愿或无法挑战流行话语而最终做出错误决定。[8] 贾尼斯提出的标志性案例之一就是猪湾登陆的获批过程。猪湾事件结束后，参谋长联席会议表示当初他们对入侵计划是持保留意见的，但在表达疑虑时十分拘谨，因为他们的立场与当时美国霸权的流行话语不一致。当时主持会议的是一位没有经验的新总统，他的在场妨碍了与会者表达异议。

肯尼迪从这段经历中吸取了教训，决心不再犯同样的错误。他的前任德怀特·艾森豪威尔向他提了一个关键问题，对计划的获批过程进行复盘："总统先生，您在正式批准这个计划之前，有没有让所有人向您坦陈不同意见，由您权衡利弊，然后下决心？"[9] 当古巴再次成为总统议事日程上的主要问题时，肯尼迪采取了一种截然不同的决策方式，有意识地在顾问团中鼓励多元化：他成立了两个小组，让他们分别撰写报告陈述各自的倾向性意见，然后两个小组交换报告，分别审读和评议对方的立场。[10] 他还刻意不出席他们所有的讨论，以避免他的在场导致助手们猜测他的立场，说他想听的话；他想知道他们的真实想法。正如他的兄弟、时任司法部部长罗伯特·肯尼迪

110

（Robert Kennedy）后来写的那样："我们能够交谈、辩论、争吵、持有不同意见，然后再辩论，这对我们决定最终路线至关重要……观点，乃至事实本身，最好通过冲突和辩论来做出判断。"[11]

贝卢斯科尼和特朗普那样的领导人在做决定时总是过于自信，因为他们性情使然，对于任何事情都过于自信；有技术官僚倾向的领导者如戈登·布朗和埃马纽埃尔·马克龙在做决定时也过于自信，因为他们自认为"知道模型"。所有人似乎都没有意识到自下而上的隐性知识的重要性，并且容易仗势欺人，因为他们通常将分歧理解为抗命，而不是从他人的知识和不同观点中学习的好机会。

与此不同的是，一个好的社群主义领导者总是始于谦逊：他们乐于承认自己并不总是知道该如何实现共同目标。这种谦逊是伟大的商业领袖的特征，他们往往不为公众所知：比如阿尔弗雷德·斯隆，他将通用汽车打造成了世界上最大的汽车制造商，超越了专横的亨利·福特（Henry Ford）；或者在民航领域取得了同样成就的波音总裁比尔·艾伦（Bill Allen）；再或者制药业的高管乔治·默克和 R. W. 约翰逊。这些领导者以一种集体使命感激励他们的员工，目的是打造一个伟大的企业，不是股东价值的最大化，尽管团队合作的一个必然结果，是所有这些公司都创造了巨额价值，包括股东价值。这些领导者将许多决策权下放给了从实操中获取了隐性知识的人，同时提供足够的资源来开发由专家提供的显性知识，并且确保前者能够获取专家知识，同时大力促进实操经验的分享。一个称职的社群主义领袖，其目标不是要成为一切智慧的来源或渠道，而是要拓宽集体知识的范畴。

前瞻性的共同目标一旦确立，就能加强共同身份的认同感："我们"齐心协力朝着共同目标努力。该策略的成功能证成牺牲个体利益的必要性：所有个体都能受益于集体知识和集体成就，从而增强对作为行为依据的信条以及对其他社群成员的信任。所以，成功的社群主义是强大的。

所有的社会都有潜力实现共同目标——因为所有人都有精神担当的独特能力。但这种好的结果并不是注定的：如果小艇上的人疏忽懈怠，小艇完全可能倾覆。

第十章
社群主义政治

　　民主不仅能改革政府，还重塑了人类——这才是自由
政府最大的益处。

　　　　　　　　——安德鲁·杰克逊（Andrew Jackson）[1]

　　政府并不是唯一能够实现共同目标的实体，但它是至关重
要的，因此对其进行约束也是至关重要的。政府受政治信仰约
束，而政治信仰已经遭到个人主义崛起的污染。投票习惯和价
值取向表明，传统意义上的"左右"无法再用来描述当前不同
的政治倾向。各政党的党员人数都在急剧下降，剩余党员则跟
从着无法代表本党支持者的少数人。对右翼而言，对商业利益
的追逐让他们为赋税和过度监管而担忧；左翼的道德优越感则
让他们为 NHS、难民和气候变化而焦虑。

　　由"行动骨干"主导的单一议程压力集团日益取代了务实
的联盟。"行动主义"如今的意思是"吸引注意力"，表面上是

把注意力吸引到议题上来，实际效果往往是为**自己**寻求关注：
"我关心这个事情。"这些人把精力都耗费于大声表达个人的自
以为是，而不是寻求与集体一道有效地解决问题。左翼活动人
士谴责财政紧缩是"社会谋杀"，并一次次地提醒人们，正是
财政紧缩导致了 10 多万人死亡，而这本来是可以避免的；右
翼活动人士则公开为战胜了占全国近一半人口的"留欧派"而
113　扬扬自得。极端的人很享受这种互虐，但它极其丑陋，也破坏
了我们的社会结构。民主政治不必像学校操场上的相互辱骂那
样，当它沦落到那步田地时，民主本身就受到了威胁。民主政
治本质上更倾向于中间派，但社群主义政治不仅仅是中间派：
它的确鼓励温和与妥协，但它也努力将人们团结起来，围绕一
个共同目标而努力，而不是通过冒犯他人来达到目的。

社群、个人、政府和法院

　　无论是哲学上的还是经济学上的个人主义，其目的都不是
树立社群共同目标，而是专注于个人利益的冲突。这其中往往
涉及可交易的产权，最富有的人总能在利益冲突中占得先机；
或者涉及权利主张，自信强势者总能战胜温良顺从之人。

　　每个家庭都得经历和处理个人之间的利益纷争，但我们猜
测，即使是在贝克尔家里，各当事方也不会付诸法律或市场来
解决他们之间的分歧。第一任妻子去世后，贝克尔在开始第二
段婚姻之前的一篇文章中写道："婚姻也不是例外，它同样可
以在现代经济学所提供的框架下进行分析。"[2] 对此说法我们

不予置评。贝克尔继续写道："如果这个说法没错，就能格外
有力地证明经济学分析的普遍有效性。"可惜这个说法并不正
确。家庭成员要想和睦相处，就需要达成必要的妥协，以确保
过上氛围良好、同心协力的生活。就广义而言，对不同利益的
调节是一个政治过程。

　　利用集体知识的增长而增进福祉的调解与合作，不仅仅发
生在家庭中。社群主义者认识到，互动关系发生在许多层级上：
家庭、公司、教会、地区、国家——每种关系都是一个网络，
其中的话语体系维持着某种群体智慧。每个人都同时属于若干
社群，群体智慧塑造了我们的动机。同时这些群体都发展出了
一种"亲和感"，使它们能够调解可能发生的冲突。

114

　　而个人主义和"信息蚕房"侵蚀了这些互动机制，这种侵
蚀已在英国蔓延开来。私有化滋生了一大堆新产权。各地区的
水务管委会成了产权结构复杂且模糊的公司。还有土地登记处，
你知道它的法律地位吗？它登记了你认为你拥有的所有土地的
产权。*"英国水电"曾是一个广受喜爱的机构，为苏格兰北部
的农村输送电力，可现在却成了面目模糊的 SSE 能源公司。

　　而以社群为基础的组织则变成了另一种东西。工会在不断
萎缩，最成功的那些成了游说团体，代表已被过度保护的公共
部门雇员的利益；住房互助协会最终沦为破产的庄家；合作社
运动长期以来一直是社群磋商的楷模，却严重管理失当；在投
资银行和房地产代理等领域一直实行的合伙制，现在变成了有

---

* 这是一个非部长级的政府部门，对英国政府投资公司负责，该公司完全归财政部
　所有。——作者注

限公司制；律师们成立了私募股权支持的企业，它们会向你发送短信，说假如发生了事故，作为非责任方你该如何如何。

还有律师成立了律师事务所，帮助人们以愈发富有想象力的方式主张人权。愈演愈烈的法律干预过于草率地破坏了福利这个最重要的社群主义机制。战后几十年来，英国已经建立了成千上万的固定福利养老金计划，为数百万人提供了安稳的退休生活。结果，草率撰写的新法规将这些计划里的承诺重新解释成了法定权利，并要求提供证据以证明相关义务能够得到履行。这使得养老金公司的责任变得过于繁重，在一个充满不确定性的世界里根本无法承受。结果是覆盖大约一半人口的养老金计划迅速崩溃。

政治和法院

115　　　如同不能完全用经济学加以分析的家庭一样，结构良好的社群也能通过共同目标和妥协来超越利益冲突。但法律和解会有双重结果。随着越来越多的利益被重新归类为"权利"，法院的政治影响有所扩张，英国的律师们已经开始涉足以往属于政治范畴的事务。[3] 这里头有好几个因素在起作用，但最重要的是权利文化的兴起和法官有意扩大了对行政决定的司法审查范围。最近刚刚从最高法院退休的岑耀信勋爵（Lord Sumption）是这个时代英国最杰出的法学家，他曾就这些事态的发展对民主和法治构成的危险发出强烈的警告。

政府可能经常做出错误的决定，但这并不意味着法院是最适合推翻这些决定的场所。岑耀信勋爵引用了时任最高法院院长何熙怡女士（Lady Hale）最近说过的一段话："相比立法机关，法院可能会被认为更适合决定这些事务，因为它们能冷静地权衡证据，**也没有立法者可能面临的外部压力**（强调为何熙怡本人所加）。"何熙怡的观点没有错，北爱尔兰禁止堕胎的相关立法很可怕，最高法院也确实是比功能失调的北爱尔兰议会更有效的审议性场所。但这都不是重点。在一个民主国家中，这种对证据的权衡和对不同观点的评估是一个政治问题，不是法律问题。与何熙怡的看法相反，**将立法者置于外部压力之下恰恰是民主的本质。**

　　立场表达型立法的引入使政治与法律之间的界限进一步模糊了，这很不明智。这种立法将政治意愿转化为"具有法律约束力"的承诺，比如要求政府减少预算赤字、消除儿童贫困和减少温室气体排放。当然，议会可以迅速、合法地为自己解除这种束缚，尽管它们这样做时不会像当初接受约束时那么大张旗鼓。比如，当"具有法律约束力"的目标确定无法实现时，2010 年的《财政责任法案》（The Fiscal Responsibility Act）被悄悄地废除了，同年制定的"儿童减贫目标"也被直接忽视了。我们要等到 2050 年才能看到气候变化目标是否能够实现。但是，即使把目标定得更高，将 2050 年的目标从 80% 提高到 100%，也不会有人因为目标无法实现而在近期承担任何责任。同样，威尔士政府在 2015 年推动了一个未来福利法案。由于威尔士是英国大陆最贫穷的地区，法案的首要目标当然就是"在一个创造财富和提供就业机会的经济中，促进有技能的、受过

116

良好教育的人口的增长"。美好的愿景是有了，但却没有任何
行动计划。对经济的担忧没能阻止纽波特（Newport）绕行公
路工程下马，该项目可是威尔士商界呼吁已久了的。对环境的
担忧也没能阻止威尔士购买和大力补贴卡迪夫机场。

　　政府做出前瞻性承诺，这很好。但这是**公民**的事业，应该
通过政治途径在艰难抉择下寻找出路。"具有法律约束力"的
政策目标要么被忽视，要么交由法院来决定实现目标的具体手
段；可法院没有能力做这些事，却又总是太积极地去尝试。

　　即便是依照国际法律标准，英国法院赢输对决的对抗性本
质也意味着它特别不适合解决政治问题。律师的职业习惯是放
大差异和分歧，而政治争端需要通过妥协来调解。我们最需要
的是相互信任的调解人，但现在靠对抗吃饭的"人权"律师却
在激增。对抗的过程是一场说服力的竞争，说服技巧因而变得
有价值，由此也可以说，法庭案件是由"**说服力的市场**"来决
定输赢的。在这个过程中，真正受损的是社群。

　　与其他公职人员相比，检察官的薪水算是很高的，但比不
上在各种复杂案件中与他们对抗的律师。因此，最能言善辩的
律师常常卖力地反对公共利益。公共利益明确要求，要惩罚个
人钱包连着股东并最终连着国库的银行家，但法律却失声了。
《金融时报》在谈到唯一（因旨在阻止政府参股的黑幕交易而）
被传讯的高管免遭定罪时，总结道："总之，银行不能为首席
执行官的行为负责，首席执行官也不能为巴克莱银行的行为负
责。"[4] 这是由律师精心撰写的"第 22 条军规"。

　　所有这一切中都蕴含着一个危险：**法律与政治的相互侵**

蚀是交替加剧的。宪法约束能避免政府因只顾眼前而牺牲长远目标，这种限制是有价值的。但如果这些限制太严格，就可能成为变革的永久性障碍。现代性固有的极端不确定性意味着我们会遭遇无法预料的情形。200 多年前诞生的美国宪法内容广泛而详细，但我们不能拿着它揣测詹姆斯·麦迪逊（James Madison）在规范互联网方面是怎么想的。明智的答案是对美国宪法的相关条款进行灵活解释，同样的书面文字在不同时期所指事物是不同的。但也正因如此，解释便成为一种政治过程。美国最高法院现在经常因其成员不同的党派归属发生分歧：尽管他们有庄严的法袍加身，这依然是政治，不是法律。因此最高法院的任命主要取决于总统和参议院的党派归属，前者提名，后者确认，法学资质不过是次要考虑。

因此，对政治行为的法律限制最好仅限于已达成广泛共识的事务，比如腐败和对公众撒谎，而不要涉及那些需要妥协和务实才能解决的基本政治问题。灵活性是政治制度的理想特征之一，但这里最好让先入为主的律师们走开。我们需要重置和澄清议会、（政治）调解和法院的界限。

直接民主?

直接民主——即通过一人一票公投的方式解决尽可能多的问题——是解决利益冲突的另一种手段。技术发展亦让这种形式的民主得以大规模实现。 118

英国政治在历史上对这种想法是怀有敌意的。1945 年，克莱门特·艾德礼就曾反对"将这种与我们的传统如此格格不入的机制引入我们的公共生活，因为公投通常是纳粹主义和法西斯主义钟爱的手段"。[5] 这种直接民主直到 1975 年才被引入英国：当时的工党首相发起了英国历史上的首次公投，以解决工党在英国是否应该加入欧洲经济共同体一事上产生的内部分歧；2016 年，公投再次因为同样的议题被发起，但发起的党派不一样了，公投的结果也不一样了；2010 年，自由民主党发起了一次关于比例代表制的公投，希望借此获得更多的席位，作为组建联合政府的条件；2011 年，为保持在苏格兰议会赢得了多数的好势头，苏格兰民族党宣布将通过公投寻求苏格兰独立。由此，为了特定的、不同的眼前需求，四大主要政党都认可了英国民主的这一质变。

苏格兰独立公投和英国脱欧公投这两次最近的公投，都表现出了英国社会的严重分裂。当一方分别以 55% 和 52% 的微弱多数获胜时，这种分裂不可避免。议会被要求就脱欧公投结果的实际意义给出明确结论——一个它无法完成的任务。假如苏格兰公投的结果不是"反对"而是"赞成"的话，那意味着现状将发生重大改变，类似问题也会随之出现。极少有什么政治问题能极简化为"赞成"和"反对"两个选项。

代议制民主

有效的民主是代议制的。伯克对布里斯托选民发表的那场著名的演说，就是代议制民主早期最强有力的阐述："政府和立法是理性和判断力的问题，不是倾向问题。"[6] 包括本书作者在内的选民们没有足够的信息和专业知识来决定中东外交政策或伦敦的空气质量标准，他们也没有时间或意愿去做这些事情。他们非常明智地寻找值得信赖的代表，这些代表要么已经拥有、要么能够获取相关专业技能和知识，或者起码能监督获取相关技能和知识的过程；即使是最勤勉的议员，也只可能精通有限的几个政策领域。激情归激情，专业归专业。大喊大叫的活动分子从全国步枪协会或绿色和平组织的简报中获取知识，委员会主席广泛吸收建议和信息以帮助自己拿捏一个议题，这二者之间有着重要的区别。公民集会中的各种尝试是民主实践的有趣创新。最近发生在爱尔兰的一个事例是，他们试图给那些随机挑选的小组以时间和权能，就一些特定的政策问题获取相应信息，然后做出集体决策。他们试图将源自社群实践的隐性知识与系统的专业知识结合起来。

伯克继续道："你的代表在履行议员职责时，不仅应该勤奋，还应该有判断力；如果他为了取悦你而不坚持己见，他不是在为你服务，他是在背叛你。"[7] 当时布里斯托的选民不大喜欢伯克在贸易、天主教徒解放运动和美国独立等问题上的看法，因此没有再次选他。然而今天大多数人都不能否认，历史已经证明伯克对以上所有这些问题的看法都是正确的。

"议会不是由利益不同或敌对的代表组成的代表大会。那种机构里的人总是以代理人和倡导者的身份捍卫己方利益，反对其他利益的代理人和倡导者。议会不是这样的。议会是**一个**国家的**审议**机构，只存在**一种**利益：整个国家的利益。"[8]（强调为原文所加）伯克关于"**一种利益**"的概念（或者说"共同目标"）正是一种特定的个人主义所反对的。在撒切尔主义的鼎盛时期，一位政府政策顾问曾对我们说："当然，没有什么所谓集体利益，只有恰巧一致的个人利益。"对此我们绝不赞同：社群主义政治就是为了建立可靠的共同目标。

120　　　伯克所说的审议机构**不是**以"我作为一个有色人种女性"或"我代表金融部门"之类语句开始演说的地方；不是发表"我们全国场地营造联盟或纳税人联盟成员认为，场地营造对国民经济至关重要，或者税收太高了"这类演说的场所；也不是代表们言必称博瑞布拉一盖阿的讲坛。

党的领导层

我们投票选出人民代表，不只是为了让他们在议会工作，研究那些他们将通过立法来解决的、我们既没有时间也不想知道的诸多问题。我们的目的在于，他们能近距离接触政府官员，因而比我们更能观察到后者的优点和缺点。

对直接民主的热衷导致了政党采取由党员而不是议员选择党魁的体制。然而放弃代议制民主其实让选举制度更**缺乏**代表性了。2015 年杰里米·科尔宾当选工党党魁，就揭示了这种直选机制的两个根本性弱点。首先，它让一个身边的同事都知道他无法胜任这项工作的人胜选；其次，它将大权赋予了一帮积极分子，而这些积极分子远不如议员跟党派的支持者及潜在支持者更合拍，因为议员是支持者们选出来的。

从代议制民主选举到由缴费的党员们直选这一转变，使有选举权的人数大规模缩水。即便是在 2020 年的工党领袖选举中，工党的党员人数增加了，有资格投票的党员有 50 万人，而工党在议会的席位则大幅减少了，但给工党议员投票的支持者仍有 500 万之多，党员人数只有支持者人数的 10%。[9] 同样的，由党员而非民选的保守党议员来决定保守党党魁的人选，使参与投票的人数缩水了 98%。[10] 然而比这更糟糕的是，上述缩水并不是自发的，它剥夺了温和的绝大多数人的选举权，把权力给了工党那 10%（和保守党那 2%）的激进分子。其实工党最需要的不是那 50 万党员的意见，它最该聆听的是 2019 年没有将票投给工党的那 250 万前工党支持者的心声。

121

包容性民主？

政治应具有**包容性**，但这究竟意味着什么？我们已经指出，这意味着英国领导人应由代表党派支持者意愿的议员们选出，而不应由党内小股积极分子来决定。但如果我们要想有真正具有**代表性**的议员，他们的代表性必须**名副其实**。

而现实愈发不是这样的了。越来越多的政客在政治以外没有任何实际经验。他们通常的职业路径是，大学毕业后以实习生身份来研究或支持某老牌政客或者政治团体，成为某位大臣的特别顾问，然后被空降到一个此前与他或她没有任何联系的选区。代表性也和"生活经历"相关。大多数父母都知道，孩子会极大地改变你的日常生活。然而，在有数个孩子的鲍里斯·约翰逊成为英国首相之前，欧洲三大国的领导人均无子嗣。
这种反常的情景或许与欧洲的人口危机有关联。

选民和国会议员之间的文化和社会鸿沟在工人阶级选区中
是最大的，比如唐谷和斯托克北。赫伯特·莫里森和欧内斯特·贝
文都曾是杰出的内阁大臣，无论是他们所代表的选区还是其他
地方的选民都能明显感知到，二位虽然身居高位，却不仅了解
选民的日常生活状况，还有亲身经历。1966年，唐谷选出的
国会议员以前是矿工，其继任者也当过矿工，其后继任的是一
位曾在工作之余在谢菲尔德大学攻读学位的卡车司机。与此相
似的，还是在1966年，斯托克北选出的是约翰·福雷斯特（John
Forrester），他曾是镇上的教师，后来成了一位尽职尽责的议员。
但到了1985年，当地的工党组织遭激进分子渗透，导致福雷
斯特败选，取而代之的是一位来自伦敦兰伯斯区的、曾被革去
地方公职的市议员。

集中式治理？

英国是经济合作与发展组织中最集中化的大国，战略设计
和实施都愈发呈现自上而下的趋势。当欧盟委员会向欧洲最贫
穷的地区提供"结构基金"予以帮助时，白厅提出，拨给英国
的那部分钱得由白厅来统一管理，并由此成为迄今为止欧洲最
大的欧盟委员会基金管理者。这种极端的集中化在新型冠状病
毒检测的部署中也有体现。它还导致英国地方政府技能水平的
下降，缺乏自主空间，也就很难吸引人才。在德国，优秀的年

轻公务员会被自己所在地区的公共管理工作所吸引；而在英国，年轻人都渴望进入白厅。我们的优秀年轻人不能都集中在白厅，那里离基层实操经验太远。我们需要这些年轻人遍布全国各地的地方政府。

现代性将我们抛入了一个我们无法全面理解的世界，为此我们需要许多不同的组织，其成员都为实现某种共同目标而携手努力。就像在商业中那样，政治同样需要既竞争又合作的组织；就像在商业中那样，自上而下的政治管理是脆弱的，因为这样的管理方式严重缺乏从基层经验中获取的信息，也会让具备这种经验、掌握这种信息的人失去积极性。政府承担了太多它无法履行的义务，并因而丧失了可信度与合法性。

参与式民主

如同之前提到的"包容性"，没有人会质疑民主应该是"参与性的"，问题在于参与究竟意味着什么？它不意味着频繁选举，而是意味着人们有充足的机会参与建立信息全面、具有前瞻性的共同目标，从小群体、小事开始参与，积小成大。就像瑞士那样，它可能是世界上运转最有效的参与式民主体制。把目的与实现目的的必备知识有机结合起来，这很重要，但不易做到：狂热的人拒绝承认随着知识产生的不确定性，而专家则往往很排斥前者激情澎湃却有失严谨的作风。去中心化对这种民主参与至关重要——人们通过面对面建立互信；而在专业知识的生产和分享中，面对面的合作同样必不可少。创意最初产

123

生于各个群体，然后向上汇集，从而被比较与整合，然后再向下回流，使许多原创的知识为全体所共享。这样一个过程中会有紧张和摩擦，但它是发展共同目标的必要途径。

参与的重要性体现在几个方面。首先，它通过从经验中获取隐性知识，为一个充满极端不确定性的世界中不可避免的缺陷提供预警。其次，它允许人们为决策制定及其执行做贡献，从而减少了执行的障碍：参与了决策制定过程，通常就意味着在执行过程中会愿意遵守它。最后，通过共同努力，人们能团结起来，建立相互信任，这是一个成功社会的宝贵财富。归属对人类来说十分重要，所以我们才会经常想要参与到一个共同的事业中去，哪怕它除了求同之外没有别的目的了。无处不在的表演性仪式正是人们纯粹而愉快地展现相互关系的方式。[11]理想的仪式能帮助人们建立起跨越党派分歧的纽带，比如足球、英国家庭烘焙大赛，以及疫情期间全民定点为 NHS 鼓掌。我们不要老强调自己的政治认同，少一些唇枪舌剑；我们应该加强共有的身份认同，而生活在同一个地区无疑是这种身份认同中最明显的元素。我们需要将决策权从白厅下放到地方，因此地方的团结互信尤其重要。少一点谴责声震天的全国政治集会，多一点对我们共同家园的节庆赞美。

但参与式民主不仅是有利于社会福祉的工具，它本身也至关重要。人工智能和大数据带来的机遇和危险已经很好地说明了这一点。无论机器未来能获取什么能力，它们都不会有道德责任，因为人类有自我意识，会经历生老病死，而机器不会。机器可用来补充和强化人类的决策，也可以用来干坏事：比如对搜索结果的优化已经转变成了对影响力的优化。我们必须将与道德相关的决策严格控制在人道的范围内。[12]

　　建立以互动为基础的、知情的参与式民主，是一个既平凡又伟大的责任。通过承担道德责任履行这些实际义务，我们终将收获一个更好的社会。而当我们为实现道德目标做共同努力时，我们不仅能收获一个更好的社会，我们还会心安理得。

第十一章

社群主义、市场及商业

> 在知识经济中，一个好的生意是一个有志向的集体，
> 不是一块地产。
>
> ——查尔斯·汉迪（Charles Handy）

近几十年来，社会对商业的主流理解令人反感，而且是错的。令人反感是因为它不区分商人的动机和犯罪团伙的动机：如果私营领域从业者的工作动机真是如此，那么公共部门里那些大多左倾的雇员们的道德优越感就很有道理了。但对商业的这种解读是错误的。为人们提供需要的商品和服务而共同努力，才是大多数公司真正在做的事，也正是这个共同目的使这种工作能给人带来满足感和成就感。不仅公共部门里大多数人的薪水无法体现他们工作理想之高远，私营领域的大多数人同样如此。他们从事的事业对社会的贡献不比公共部门的小，报酬也不比公共部门高。二者主要的区别在于保障：公共部门不仅不

会破产，因为国家能向私营领域征税，它的大部分劳动力还有养老金，且普遍是工会成员。因此，那些在公共部门工作的人的道德优越感是没有根据的。

集体知识

　　人类集体的知识量远大于任何人能想象的个人的知识量。而我们利用这种集体知识的能力，是我们作为一个物种能够成功的秘诀。没有哪个个体知道怎么才能飞起来，也没有哪个个体知道该怎么造一架飞机，但 10,000 个个体组成的集体通力合作就可以做到。

　　空中客车系列飞机是人类智慧最复杂的成果之一。机翼和起落架由英国制造，尾翼和通信系统在德国制造，后机身产自西班牙，前机身以及机翼和雷达的部分部件是在法国制造的，最终组装也是在法国图卢兹（Toulouse）。用来装卸并最终将这些部件运送至图卢兹的是一套专门定制的驳船、轮船和空中吊车。空中客车这个合营公司集合了数个欧洲企业多元的能力，并最终将它们的业务合并成了一个单一的企业实体。

　　没有哪一个人能掌握哪怕是一小部分建造空客或从伦敦飞往悉尼的技能和知识，只有很多人协同合作才有可能做到。人类的智慧是集体智慧，而建造商用飞机这种复杂工艺品的本事，是积累了 200 多年的集体智慧的产物。为每班次空客航班做出贡献的人有数万个，但他们互不相识；人们只在小集体中沟通交流，然后小集体再和小集体沟通交流。从集体以外的任何视

126

角看经济生活，视野都是严重受限的，且铁定会在对现代商业运作的理解上不得要领。

模块化

模块化是现代经济的基础。像空客那样的高效的经济、社会或政治组织，其基本构成都是小型合作单位。这些基本构成当然是有等级划分的，但高效的等级划分是自下而上构建的，不是简单地自上而下强加的。

决策理论家、诺贝尔经济学奖得主赫伯特·西蒙（Herbert Simon）用一个寓言故事阐明了模块化的力量：

曾经有两个名叫霍拉和坦普斯的钟表匠，他们制作的 127 手表非常精美，新客不断，车间里的电话经常响个不停。然而霍拉的生意越来越好，坦普斯的生意却越来越差，直至关门倒闭。这是为什么？

每只手表大约有 1,000 个零部件。坦普斯设计的手表问题在于，如果他不得不放下只完成了部分组装的手表，它就会立即散成零件，得从头重新组装。而霍拉的设计方案要求首先组装好由大约十个零部件构成的子组件，这样放下哪个子组件它都不会散架。每十个子组件组合成一个更大的子组件，十个更大的子组件组装起来就是一块手表。[1]

西蒙的这个寓言是由亚瑟·库斯勒（Arthur Koestler）首

先提出的。库斯勒有一个概念叫"全体共治"(holarchy,一译"合
弄制"),是他从南非人史末资(Jan Smuts)那里得来的。*二
人都阐述了这样一种观点:无论是生物有机体还是社会有机体,
都由模块(或者叫"全子"†)构建而成,这些模块或全子具有
独立的特征,但整体组合后的功能大于各部件功能的总和。比
如人体的功能就是通过心脏、肺、肾脏等各个相互作用的器官
来完成的。史末资把自己的思想付诸重要的实践,帮助建立了
国际联盟、联合国和英联邦。更清晰地领会史末资模块或"全
子"的概念,或许能同时帮助"大欧罗巴"超国家组织的信徒
和英国独立党成员厘清关于欧盟本质的相关辩论。

　　遗憾的是,这种措辞已经被新时代的哲学挪用了。‡亚马
逊旗下的鞋类零售商 Zappos 异常尊重顾客,它就号称施行
"全体共治";其大概的含义是,不需正式的管理架构,直接寄
希望于合作的个人组成的各个团组能携手完成任务。有一段时
间,全体共治在硅谷的其他公司中也很流行,但却并无持久深
远的影响。互联网出版商 Medium 在尝试施行全体共治三年后

---

* 库斯勒和史末资都是了不起的博学大师。前者是为数不多的曾被判处死刑但却能
活着书写这段经历的小说家和批评家之一;另一位在人生的不同阶段分别做过大
律师、将军、政治家和哲学家。但二人也都有阴暗面:库斯勒曾经性侵他人;史
末资则像跟他同时代的绝大多数阿非利卡人那样,是一个彻头彻尾的种族主义
者。——作者注

† holon,源于古希腊哲学的概念。前缀 hol- 意思是"整体,全体";后缀 -on 意思
是构成一个整体的单元,常译为"子",如质子(proton)、中子(proton)。后文
脚注中提到的 holistic 一词,就是从 hol- 这一前缀衍生出来的形容词,意思是"整
体性的"。——译者注

‡ 如果你在谷歌上搜索 holistic,你将得到一长串替代疗法从业者的名单。——作
者注

宣布放弃——公司的运营负责人安迪·道尔（Andy Doyle）说：
"对我们来说，它妨碍了工作。"[2] 商业机构既需要多元化，也
需要纪律。

协调性等级制

自组织团队中的合作精神能有效激发员工的积极性，这已
在许多机构中得到证明。这就是为什么东印度公司在 18 世
纪就能殖民亚洲的大部分地区，当时来自总部的任何消息都需要
八周才能到达；这也是 19 世纪的煤矿业和造船厂高效率的原
因；它还解释了 20 世纪的日本汽车制造商如何能确保单凭装
配线无法实现的产品质量，以及 21 世纪的苹果、谷歌和微软
为何能主宰互联网。

但对于任何需要做出及落实决策的机构来说，有一定的层
级是必要的。西蒙的例子有力地提醒了我们：手表不会自动按
顺序自己组装起来，Zappos 的鞋子也不会自己走到消费者家
里。制造一件复杂的工艺品或协调一个复杂的机构需要正式的
架构。玛格丽特·布莱尔（Margaret Blair）和林恩·斯托特
（Lynn Stout）将现代企业描述为**"协调性等级制"**（mediating
hierarchy）：

公营公司是一个为实现共同利益而形成复杂协议并协
同合作的团队。参与者将控制产出和关键性投入（时间、
智力或金融资本）的权力交给管理层。他们达成这一共同

协议的目的，是通过将合资企业中的职责分工和资源分配
权交予企业内部管理层，以减少降低效能的逃避责任和寻
租行为。因此，他们达成的协议并非针对具体条款或结果
（如在传统"合同"关系中那样），而是要参与企业内部的
目标制定和争端解决。[3]

这段描述中有两个特征需要特别强调。布莱尔和斯托特并
没有给不同的利益相关者集团进行优先排序。协调性等级制，
尤其是首席执行官和董事会，可以也必须决定"合资企业中的
职责分工和资源分配"。这种管理方式迥异于"系列契约联结"
理论，也迥异于将公司看作是向股东负责的一系列委托—代理
合约链的观点。当然，在公司中，如果股东们不认同现行的岗
位安排和资源分配方式，他们可以集体决定更换董事或解雇首
席执行官——这个权力在紧急情况下偶尔被行使过。就像员工
有权离开公司一样，如果客户和供应商不认同现行的岗位安排
和资源分配方式，他们可以另寻合作伙伴。股东在任何实质意
义上都不是公司的"老板"，把公司运作看作是行使财产权，
充其量也只能说是无益的，更不要说还可能有害了。[4]

在企业中，一个成功的管理团队能找到让大多数利益相
关者都感到满意的平衡点，尽管在任何特定的时间点让所有人
都满意是非常罕见的，而维持这个平衡则是高级管理者的艰巨
任务。投资者对股息和股价上涨感到满意，员工对自己的工作
感到满意，客户和供应商认为他们做了一笔不错的交易；因
此，员工流失率很低，客户和供应商不离不弃，股东们不出售

他们的股票（出售股票是绝大多数投资者和资产经纪人对管理表现感到不满时的正常反应）——成功的企业应该是这么运作的。

布莱尔和斯托特的描述中的第二个特点是，作为公司律师，他们写的是关于商事公司的文章，其描述中没有任何内容是特定于某具体商事企业的。协调性等级制的概念几乎与任何集体或社群活动都相关，无论是私人的还是公共的。确实有那么一些机构，比如学校、一些派别的教堂，以及军队的部分组成，它们的内在性质决定了它们必须得有一个严苛的等级制度。但这些都是例外，不是常规情形。对于一个大型商业机构而言，无论是实施"高瞻远瞩的人"的长远计划，还是维持金字塔型的、由不同股东发起的委托−代理激励结构，以这种方式来经营都是不切实际的。

协调性等级制描述了大多数学校里的教工、几乎所有的大学以及医院里的医务人员是如何被组织管理的，要想让他们都团结和高效地工作，就得有协调性等级制。一个正常运转的体育俱乐部或慈善机构也需要搭建起类似的架构。也就是说，认为公营企业和私营企业、营利机构和非营利机构之间有或者需要有明显的区别，这种看法在很大程度上是似是而非的。

更重要的差别存在于专制等级制或契约等级制与协调性等级制之间。在专制或契约等级制结构下，指令总是从上面一竿子插下来；而在协调性等级制下，角色和信息都是持续谈判的主题，并且如果成员对他们被委派的任务感到不满意，可以自由离开。任何商业组织，无论其规模和复杂性，都必须是后一种性质的组织，它得是一个基于成员保持一致而得以运作的自愿性社群。

我们料到，许多读者会对布莱尔和斯托特的那段话表示赞许，但却都没有意识到它的激进性。这种激进性关乎我们对商业的**描述**方式而非商业的实际运作方式。但我们不会低估商业描述对商业实践所起的重要作用，以及描述和实践对更广泛社群中的商业活动合法性的重要意义。

我们需要的改变

我们经常听到一种观点（包括从高管那里）：利润或股东价值最大化是公司经理的法律义务。可现实是，在英国没有这样的义务，在美国没有这样的义务，在世界上任何主要司法辖区都没有这样的义务。在英国，董事的职责是"为公司成员的利益促进公司的成功"。这个表述隐晦得很刻意，但方向却是明确的：成员的利益是公司成功的**结果**，不是衡量公司成功与否的**标准**。作为美国公司管辖的范例，特拉华州的经商环境优化法的基础是这样一条经营判断原则：除去少数有明确规定的情形外，法院会维护经理管理权的善意行使。

商业金融化以及整个经济的金融化始于20世纪60年代，在那之前，领薪水的经理人们极少关注股东。过去的半个世纪里对股东利益的强调，不是公司法被修改或澄清的结果，而是市场原教旨主义和"贪婪很好"时代的产物。来自金融市场和金融利益的压力是重要原因，弗里德曼等人提供的脆弱知识基础是其支撑。它反映了当时的形势。那么既然形势能朝一个方向变化，它就可以并且也应该朝另一个方向变化。

终于有迹象表明，环境确实开始发生良性变化了。"意义"是一个新的商业流行词，它使人联想起乔治·默克那句"药品是为人服务的，不是为了利润"。2019 年 8 月，在强生公司首席执行官亚历克斯·戈尔斯基（Alex Gorsky）的倡议下（我们在第二章中已经讲到了这家公司的目标驱动式指导"信条"），美国商业圆桌会议正式撤销了它自 20 世纪 90 年代就一直在推行的指导原则。20 年来，"企业的目的是股东价值最大化"的咒语被不断地重复着。在终于承认许多首席执行官没有照着做之后，该组织发布了一份新指南，其中列举了五个利益相关者：社区、员工、客户、供应商和股东，而对股东仅仅确认了对"长期价值"的承诺。[5]这一立场得到了世界上许多大股东的认可，比如挪威主权财富基金（资产约 1 万亿美元）和加州公务员退休计划（资产约 4,000 亿美元），这两个机构都非常关注富有成效的业务管理方式。全球最大的资产管理公司贝莱德集团的负责人拉里·芬克（Larry Fink）每年都会给他的首席执行官同行们写一封信。在 2018 年的信中他告诉他们：企业必须有一个超越利润的目的；在 2019 年的信中他则更进一步：企业有责任对政府未能有效解决的问题进行干预；2020 年的信则明确关注气候变化，尽管其中对特朗普总统气候政策的批评可能过于隐晦。

对于一些企业来说（最显而易见的是能源公司），气候变化确实是一个重大问题；但大多数公司既不是气候问题的始作

132

佣者，也不会是解决方案的重要组成部分。我们参加过一些讨论商业及投资过程中的环境、社会和治理问题的会议，与会的商业领袖和资产经纪人们表达了他们对气候变化的深切关注，对"不平等"的担忧（但却极少对不平等做出具体界定），让更多的黑人、亚裔及其他少数族裔加入董事会的必要性，以及缩小男女薪酬差距的必要性。这些是现代"行动主义者"关心的问题，尽管他们中很少有对商业真正感兴趣的。而发表这些演说的商业领导者们发现，这些话题所导致的激昂情绪不仅能收获观众的认可，还能转移人们对高管薪酬以及公司避税等问题的注意力。首席执行官的社会责任不是公司利润最大化，但也不能是实现"行动主义者"的议程："对政府未能有效解决的问题进行干预"。他们的社会责任该是做好企业该做的事：生产和提供客户想要的、看重的商品及服务，提供令人满意的就业，为投资者赚取良好的回报，为社区做出积极的贡献，也许还包括树立起一个节制和谦虚的榜样。这些**才是**企业该做的事，但它们必须谨记本书第九章中的告诫，即企业不得通过给社会制造麻烦来获利。芬克先生在几乎所有这些事项上都做得很好，除了一条：在新冠疫情所引发的经济滑坡期间，他接受了 5% 的加薪，将薪水提高到了2,500 万美元。

工业民主

133　　　正当的企业为所有的利益相关者服务：客户、员工、投资者和社区。但这并不意味着它需要某一种形式的工业民主，即企业必须由一个由所有这些利益相关者的代表所组成的董事会来管理。倡导在企业中推行参与式民主的人，和在政治中推行参与式民主的人犯了同样的错误。这个错误使贪婪达到极致：我只认同自身利益的有效性。在权利文化中，我通过不依不饶地主张权利来维护自身利益；在身份政治里，我强调只有我这个身份群体的成员能明白这个群体的利益所在。

在空客工厂里工作或者搭乘空客飞机的人，对下一代空客产品的了解不比普通人多。当然，他们中的许多人能够获取相关知识，比如通过深入研究对手的产品、航空公司的需求以及发动机和飞行控制系统的技术特征。但这样做等于是一项全职工作，因而按道理说，这样的人显然不适合做飞机机翼设计师或国际会议上的演讲人，而是该成为飞机制造企业的职业经理人。在企业里和在政坛上一样，我们需要的不是自私的、追求自身利益最大化的人，而是正直诚实、一心为大大小小的社区服务的人。我们尤其不需要通过主张自己的上司或雇主的利益最大化，来实现个人利益最大化的职业代言人。

对于赋予员工公司股权的改革，我们也持不赞成态度。羽翼未丰的企业往往缺乏现金，因而初创企业向其员工提供期权或股票，是明智的融资方式，也必然会增强受益人对公司的认同感。此外，如果公司认为有必要或希望向高管们支付红利（对此必要性我们表示怀疑），那么用锁定股票的方式有助于确保他们对公司前景的兴趣会超出自己的任期。但尽职尽责的员工已经在自己工作的企业里做了大量投资，但与股东的那种投资不同，他们的投资无法兑换出售。安然公司的例子＊是一剂苦口良药，上了炒作的当的工人们不仅失去了工作，还失去了存款。企业的目标需要调整，但不应该是将普通员工的储蓄转化为股权，而应该是认可他们已做和正在做的贡献，并且认识到他们和股东一样"拥有"企业。

市场和社区

在第八章中，我们提到了几位现代社群主义哲学家，如埃齐奥尼、麦金太尔、桑德尔和沃尔泽。他们之间有诸多差异，但也有一个共同点，那就是都担心社区正在被市场实践和现代商业价值（或价值的缺乏）所侵蚀。沃尔泽最著名的作品是《正义诸领域》（*Spheres of Justice*），它强调了保护道德和政治世界不受经济影响的必要性。桑德尔广受好评的《金钱不能买什么》（*What Money Can't Buy*）试图识别那些必须摆脱市场干预的生活领域。麦克弗森发明了"占有式个人主义"一词，并写了一篇长文批评米尔顿·弗里德曼作品中隐含的道德哲学。当然还有亚里士多德，他欣赏创制活动，鄙视掮客；他应该很难想象证券化金融产品交易，如果他想象到了，则不难推测他会持什么观点。

想法要有意义，就必须得能在实际中应用。社群主义哲学家们对现代经济学持否定态度，这不能怪他们：个人主义经济

＊　安然公司对员工开放"公司职工持股计划"，允许和鼓励员工出资购买公司的股份（但不能凭股权左右公司决策）。——译者注

学确实令人厌恶。但他们在假设社群和经济之间存在内在紧张
关系的同时，也边缘化了自己信仰的思想。社群和市场对立的
观念是最近才出现的。从历史上看，情形恰恰相反。

古希腊和古罗马的广场既是集市也是民众聚集的场所。在
古典希腊语中，"购物"和"在公共场合说话"两个词是相似的，135
词根相同。最近，我们请一个出租车司机带我们去他那贫穷国
家小首都的中心，他把我们放在了一个繁忙的地方，指着前方
说："正前方是老市场，右边是新市场。"在历史上的大部分时
间里，以及在今天欠发达的国家中，市场都不是社区的敌人：
市场是社区生活发生的地方，正是市场的存在，社群主义的相
互依存才得以取代封闭的自给自足。市场制度是走出大规模贫
困重要的第一步。

即使是在今天，如果你让一个出租车司机带你去一个英国
城镇的中心，他会把你放在城镇的主要商业街道上，在那里你
会看到熟悉的商店：博姿、W. H. 史密斯书店和星巴克。你会
听见很多人讨论商业街空心化及其对社区的负面影响。

亚当·斯密那句"我们每天的饮食，不是出自屠夫、酿酒
师或面包师的恩惠，而是出自他们利己的打算"，不是在描述
肉类加工联合体、联合啤酒有限公司或国际面包公司（当然也
不是国家面包供应局）。[6] 他描述的是在本地经营商铺、认识
自己大部分顾客并和他们有私交的手工师傅。"斯密太太，今
天的羊肉非常好。"屠夫会这样建议她买一块。

直到接下来的一个世纪，随着规模经济和野心勃勃的大亨、
金融家们的大型公司主导了 20 世纪的商业，匿名交易才逐渐

取代了上述基于熟人关系的交易方式。正是这个变化，在当时和今天都佐证了对市场和社群对立的担忧。

但从现代商业出现伊始，人们就意识到了消费者并不情愿进行匿名交易。当地商铺开始出售工业化生产的产品时，这些产品的制造商开始在品牌推广和广告设计上做文章，他们试图通过在产品推广上砸钱，来展示自己持久的生命力，并和消费者建立起一种持续的关系。随着商品变得越来越复杂，匿名性越来越难维持。在现代经济中，我们的消费行为中的绝大部分，以及几乎全部的经贸交易，都不是在匿名的买家和卖家之间进行的。各种新设备取代了肉铺里的建议和八卦，但即便在大型跨国公司中，人际关系依旧很重要：飞机商务舱里满是高管，对他们来说，视频会议还是比不上握握手和一起吃一顿饭。（此时此刻，新型冠状病毒危机让这些客舱为之一空。等到疫情结束后我们就会知道，客舱会以怎样的速度被重新填满，视频会议的屏幕会以怎样的速度息屏。）

互联网以及全球化的其他表现使每一个潜在卖家都能联系到每一个潜在买家，反之亦然。但与此同时，各种设备的出现也使我们有信心跟未曾谋面的人进行交易：爱彼迎让我们安全地住在一个陌生人的家里，优步让我们放心地搭乘一个陌生人的车，它们分别会向我们提供房子的主人比尔或司机拉希德的简介；亚马逊的图书买家社群给网站上的每一本书评分；易贝用户对其卖家进行排名；猫途鹰会收集酒店、餐馆和景点的体验意见。屠夫能从斯密太太平时的购物习惯中了解到她和亚当·斯密的喜好，超市也能从你的顾客积分卡中获取同样的信息。同样，就像屠夫会根据自己对斯密太太这些偏好的理解向她提出购买建议那样，谷歌和亚马逊也能猜到我们可能会对什么样的新产品感兴趣。客户担心的不是在线卖家、谷歌和脸书对他们了解得太少，而是担心它们了解得太多了。

对社群的需要是社会和经济发展的基础。技术发展和社会变革削弱了某些形式的社群的作用，同时也给另一些形式的社群带来了机会。市场和社群在本质上并不相抵触；今天同以往一样，运行良好的市场与社群是融合的。

本世纪的头十年有力地印证了一个老道理：借贷往来传统上都是基于个人关系的。即使不反对市场原教旨主义的 J.P. 摩根（J. P. Morgan）也曾说过，借款与否取决于人品："一个我不信任的人不可能用世界上任何一张债券换到我的钱。"[7] 曾几何时，要想成功地从银行贷到款，首先需要经受住一位冷酷无情的分行经理的盘问，他往往是在高尔夫球会里逐渐了解他的商业客户和个人客户的；抵押贷款往往会给那些有存款的、亲自到现场进行申请的客户。而从 20 世纪 80 年代起，这种基于社群的办事方法在很大程度上被贷款信用自动评分和通过证券化实现的打包转售所取代。这直接导致了 2008 年的全球金融危机。

第十二章
地域性社群

我们都渴望家庭生活。

——玛雅·安吉洛，《上帝的孩子都需要旅游鞋》*

  "小村"是想干事的积极分子为促使伦敦人致力于共同目标而成立的新组织。当然，混乱且贫富差距刺眼的伦敦绝不是个什么"村"，但人以群分的强烈渴望已深入骨髓——像许多其他物种一样，人类也是区域性生物。

  地域在心理和政治上都很重要。决策权应逐步下放，其中最重要的是地域放权。地域之为地域，在于它能使我们超越自身和眼前，达到与社群长期共生。我们个性中的许多方面是十几岁时形成的——别忘了：大多数英国人依然生活在他们 14 岁时所在地域的 20 英里范围内。即使在新媒体时代，

---

* Maya Angelou, *All God's Children Need Traveling Shoes*. ——译者注

物理上的近距离也有利于人们提升交流品质。相互信任对于现代性来说至关重要，前者常常是通过人与人反复当面交往中产生的隐性知识而形成。较之有着信息蚕房效应的新媒体，简·雅各布斯（Jane Jacobs）雄辩地描述过人们在曼哈顿街头相遇的概率能给他们提供更多元化的观念。[1] 充满活力的地域性社群很像繁荣的小微企业——一些"小单位"通过相互之间的竞争与合作，得以形成一个紧密的社会。英国维多利亚时代雄伟的市政厅见证了一个时代，彼时这种"小单位"遍布全国。那些市政厅作为几乎已经消失了的地域自信精神的象征，今天仍矗立在那里。

过度集中化

不仅行政权力集中于伦敦，英国的媒体、商业、法律、金融也都集中于此。金融企业总是从局地做起，因为贷款决策依赖基于长期的当地信誉而形成的隐性知识。想想米兰德银行是如何起步的吧。银行业务的集中被认为可以降低储户和股民的风险，这一措施实行了百年，直到 20 世纪初人们才发现这简直愚蠢透顶。

财政部对地方政府金融的严控是 20 世纪 80 年代以来才有的事。严控造成的持续影响随处可见。分权的努力，无论是向地方政府分权、校董治校，或 NHS 对医院的管理，都被白厅以财政手段限制了。正像每个家长都知道的，责任和财务自主是分不开的。英国的各种失败——地方政府的公共服务、保持联合王国各政治实体的教育水准、有待提高的医疗效率等——往往被归因于政府没有提供足够的财政支持。这种解读有时是对的，有时是错的。但这个问题想都不必想，更别说做什么自我反省，因为责任总是可以推给别人的。其实道理不言自明：任何机构，没有财政自主便没有履行职责的能力。

集中和分化是并行不悖的：2018 年，伦敦的人均产出是 54,700 英镑，而东北地区的是 23,600 英镑。[2] 分化在继续。首都圈地区的国民产出从 1998 年占全国的 18% 提高到了 23%。[3] 一些市场原教旨主义者认为，极端的集中使资源分配更有效：伦敦人特别是其中的熟练劳动者的生产效率更高，因此，熟练劳动者越是向伦敦集中，其效率就越高。如果我们提出空间公平的问题，他们会说，最好的方式是通过税收和福利使消费向乡镇转移，*正像我们可以通过向精英征税补贴弱势群体以稳定唯能体制。

但我们并不只是消费者；大多数人希望通过为社群和社会做出贡献而赢得尊敬。我们很想从事生产；现在需要在整个国家普及生产能力，而不仅仅普及消费能力。"生产能力"这一用语包含着相关而又有区别的两个过程：生产性岗位应该落脚在人们所在的区域，而该区域的年轻人应该得到帮助他们胜任岗位的训练。当地人不能胜任熟练岗位，会使公司引入外地的熟练劳动者，这又会加深当地人的排异和消极萎靡心理。反过

140

---

* 可参见贾南·加内什（Janan Ganesh）在《金融时报》上提到的，伦敦人将首都之外称作"僵尸拖累之地"。美国有类似的轻慢用语"不屑一顾之地"。——作者注

来，训练有素的劳动者在当地没有适合的岗位，最有才华的年轻人就会远走他乡。

人口向特大城市的高度集中导致居住环境恶化。虽然伦敦在将付出转化为收入方面表现得很抢眼，但在将收入转化为福利方面则乏善可陈。伦敦是整个英国人均收入最高的地区，但幸福指数却是最低的。*富人或年轻人适合在伦敦生活，像它这样能提供高品质文化和俱乐部生活的城市是不多的。但是只有富人才负担得起伦敦中心区的公寓和房屋；只有年轻人才能忍受逼仄的租屋。交通拥堵和居室狭小，表明物质条件之超负荷；远离家庭和所属社群造成的社会孤独，说明收入与福利不匹配。

放眼英国之外我们能看到，生产效率可以在空间上得到良好分布，而且整体上说是非常高的；"到伦敦去"是不必要的。德国的西北部有汉堡，东北部有柏林，西部有法兰克福和科隆，中部有斯图加特，东南部有慕尼黑，这些都是繁荣而有朝气的城市。

普遍繁荣的英国将会是一个更好的社会。欲扭转过度集中化，政治和经济的决定权应该从伦敦向地区、城市和乡镇下放。空间均衡意味着社会均衡；一个良性的空间均衡是稳健的，但过度集中同样难以撼动。把倾覆的小艇扶正可不是件小事。

1990 年以来的东部德国是一个小艇倾覆问题的好案例。20 多年的积极政策和大量的财政输血，使前东德显著地扩大

---

* 该信息来源于国家统计局（2019 年 10 月 23 日）。国家统计局定义的"幸福"由生活满意度（伦敦得分最低）、价值感（伦敦得分最低）、愉悦感（伦敦以 7.51 分名列倒数第二，约克 [Yorkshire] 和汉伯 [Humber] 以 7.49 分垫底）、焦虑感（伦敦最高）等项构成。——作者注

了消费，但并没有带来高效率工作以及自尊的回归。对国家的整合被广泛认为是失败的，"二等公民"的怨气和对极端党派的支持是其显著症候。

在英国，除了伦敦，最成功的城市是爱丁堡。知识密集型产业在德国西部的布局很成功，在德国东部则不那么理想。将此情形与爱丁堡相比较，有助于解释什么是我们需要的理想的集中。高效能意味着将高效率岗位带回劳动者的所在地，同时使在地劳动者得到培训以胜任这些岗位。

将高效率岗位送往人们的家门口

高速铁路并不能解决在家门口工作的问题。爱丁堡以及德国西部的一些城市能成功做到此点，有赖于金融、产业、文化、教育等多种因素的耦合。乡镇、城市的利益碎片化通常是因为这多种因素的缺失。如果认识不到这一点，只是修修补补地改变，失败是注定的，社会将深度萎靡。这些城市陷入了一种各种因素相互纠缠的综合征，任何必要的改变都难以产生有意义的进步，也看不出有什么益处。这里真正想说的，是摒弃"袖手旁观"，遵循一个扎实的、具有前瞻性的共同目标而"整体推进"。领导人难以独臂拯救一个利益碎片化的城市。社群主义领导者的工作是发掘各地方组织的潜力。

欲达此目的，各适当层级的政治自主至关重要。城镇、都市、地区等都需要权威在适当层级采取高度协调的行动。在德国，这也是联邦宪法的精神：城市不跨区。对于高效率的现代经济来说，这是一个合适的集中决策的层级。在建立新的都市圈决策协调机构方面，英国起步有点晚，例如西米德兰兹（West Midlands）2017 年才建立起 300 万人口的都市圈决策协调机制。起初都市圈机制并不受欢迎。出于对苏格兰强烈的民族主义的反应，许多英格兰人希望有一种对抗性的政治机制。但政治权威设置的层级应当适合现代经济。就此而言，英格兰太大，（以整个英格兰为管理单位）只能是延续白厅的统治；另一方面，英格兰的 48 个郡绝大部分又太小，都市圈层面的权力设置在经济上才是合理的。区域认同的复兴可能并不是难事：像麦西亚（Mercia）这样曾经的盎格鲁—撒克逊王国就为建构新的认同话语提供了丰富的历史积淀。权力和认同都可以随情势而变。苏格兰既是政治认同单元也是地理单元，早在苏格兰于 1999 年有了自己独立的立法和行政权之前，爱丁堡当局就执行着许多政府职能。

地方金融业不仅有繁荣地方的长期目标，支撑其业务决策的隐性知识还来自与当地企业频繁紧密的联系。德国企业的大部分银行业务是由地方机构打理的。苏格兰银行系统并入总部设在伦敦的泛英银行系统是在 2008 年金融危机之后，并且今天仍有大量的总部业务留在了爱丁堡。对比鲜明的是，威尔士的政治自主程度与苏格兰相当，却没有自己的金融业。即使在首都卡迪夫，所见银行的总部也都设在伦敦，甚至因此不再在当地聘任客户经理。地方经验所滋生出来的隐性知识已彻底荒废。

商界热衷于组织起来，向政治和金融决策中心靠拢以方便游说。在爱丁堡以及大多数德国城市，商业组织是在地化的，而在英格兰，它们是全国性的，且集中于伦敦。在德国，公共政策通过立法赋能于地方商业组织，给予它们大力的扶持。

　　美国前参议员莫尼汉（Moynihan）曾反复说过："欲建一座伟大的城市，先建一所伟大的大学，200 年后见分晓。"支持这个观点的示例遍布全球。大学潜在的重要性，部分在于培训当地经济所需的技能，部分在于产出研发成果以帮助知识密集型企业保持其领先地位。公共政策的作用再次凸显：它能推动教育和在地企业之间的联系，也能阻碍这种联系。比如在 20 世纪 80 年代，英国将地方性技术院校（也就是理工学院）改制成了大学，这改变了它们的财源，也削弱了它们与地方政府及在地企业之间的联系。与此呈鲜明对比的是，德国的高等教育通过享有盛誉的职业技术培训项目，一直与在地企业保持着紧密的联系。

　　大学的存在能增强当地的文化氛围，这可以吸引很多哪怕与大学无关的人才。牛津的房价清楚地告诉我们这种吸引力有多强。爱丁堡的社团率先发起的城市年度节日，创造了一个年吸引世界游客 50 万的"品牌"。德国的许多城市有着发达的市民社团，部分原因是公共政策的鼓励。如果德·托克维尔还在世，他很可能会写一篇《论德国人的结社癖》。

　　公共财政权的下放使地方政府得以及时升级基础设施，这支撑了其文宣话语，也会增强地方各相关方加强合作的意愿。苏格兰的民族主义为爱丁堡的苏格兰政府所获得的财政权转移做了很多贡献。苏格兰的公共支出也比英格兰高大约 15%。[4]

　　称职的地方领导会在当地政府、企业、学校和市民社团之间搭建起目的明确的合作机制。这种目的必须是经过悉心调研和设计、具有前瞻性且明显是互惠的，如此才可能被共同认可。2009 年，爱丁堡当局协调了当地各相关方，决定引进一个能催生知识密集型工作岗位的产业：它们选择了信息技术。这样的公司当时在当地只有两家，但经过各方努力，爱丁堡的吸引力大增，到 2019 年，已有 480 家 IT 公司——成了欧洲最大的集中地。这再一次说明了公共政策对于催生称职的地方领导团队起着关键的作用。德国长期盛产有影响力的市长。担任市长是登顶国家政治的一条清晰路径，因而吸引了许多干才，例如德国现任副总理兼财政部部长就曾任汉堡市市长。与此形成鲜明对比的是，英格兰现在才开始试点直选市长。

这些特征不仅可以解释爱丁堡以及德国西部一些城市的成功，这些特征在英国其他城市的缺乏也能解释英国较德国而言巨大的区域不平等，还能解释为什么尽管德国东部在消费方面紧随西部，但东部民众却日益不满。

德国 1990 年的统一并没有触及东德的地方商界（或任何地方事宜）：共产党的国有企业是一种国家组织。西部对东部巨大的财政支持，最初是为了提升人均消费水平、吸引西部企业的附属业务，而不是为了繁荣东部的地方经济。因此，东部那些植根当地的工商社群发展非常缓慢。不仅如此，警察国家里的基层社会没有凝聚力与合作意愿：人们有理由互不信任，也没有发起任何集体倡议的经验。东德由柏林一手掌控。1990年后的国家政策并没有在东部的大多数城市中建立起能够留住青年才俊的知识密集型产业，那里至今仍布满了低投入、低技能企业。消费水平是上去了，但产出水平明显低于西部。[5]

　　这些城市被困住了，但要想改变现状非常困难，因为实际操作是人类习得技能的主要途径。在那些成功的城市里，通过实操而习得的一项卓越技能，是提出切实可行的前瞻性战略并把它通力贯彻下去。而出了问题的城市没有这种能力：在一片失败的氛围中，各方都在为失败寻找托词，结果发现每个人都是牺牲品。繁荣的大城市总是成为备选的恶棍："我们穷，是因为伦敦富"；恶棍也可能是某些地方机构："这鬼地方别谈什么做生意了，因为地方政府对企业冷眼相待"。这些抱怨可能并非全无事实根据，但抱怨并不能解决这些地方的失能问题。它们不是明理的、前瞻的、相向而行的，而是自找借口的、向后看的、搞对抗的。它们煽动徒劳的纷争，使能量用错了地方。因此，越是这样的城市就越需要称职的领导，只有受信任的地方政府才能重置话语系统——以前瞻性的共同目的代替事后的抱怨。苏格兰在为自己的成功点赞；威尔士在为自己的失败而谴责英格兰——威尔士民族主义领导人正在要求英格兰为其施行的经济压迫给予补偿。[6]

提升当地民众技能，胜任当地高效岗位

　　技术积累必定遵循两条清晰的路径。大学的知性教育提供了养成专业能力的平台，可以提升适合这种教育的大学生的能力。总的来说，英国在这方面的表现还不错。但那些能力不适应知性教育的大学生，则需要转向培养一系列实操的职业技能。

这个过程在欧洲各国差异很大，其中英国的表现最差。

幸运的是，对职业技能积累来说很重要的多元化政策，为快速的社会学习和借鉴提供了一个正常的竞技场。这样一个使年轻人获取并保持必要的实际生产技能的过程，有若干前后衔接的阶段，每个阶段都有赖于特定的公共政策的支持。当下，在英国那些落后的城市中，贫困家庭在鼓励子女获取充分技能这方面是犹豫的，因为当地没有高技术岗位，他们担心学成后的子女会离他们而去。可见，鼓励年轻人参加相关培训和鼓励企业提供有价值的岗位是一体两面——不能"两者都不做"，得"两者都做"。

优良的职业技能训练宜尽早开始。一个被顽童困扰的家庭很难就多动学龄儿童的管束给予足够的注意。对儿童照顾的有效支持可以释放更多精力以管理青少年。虽然没有一个国家在这方面已经形成了完整的、可称之为最佳实施的政策链，在每个阶段上，至少有一项政策是成功的。

能力的形成始于胎儿。"9·11"恐怖袭击对纽约的孕妇造成了精神创伤，有研究显示这对她们的孩子造成了不良的遗传后果。[7] 起步不利，后路不会平顺。"产后第一年母亲的压力对于母婴间的依恋和孩子照料是破坏性的"。[8] 这种不利会持续；当各种原因相互作用时，前景就不可预知了，公共政策的制定和运行必须建立在评估和预防措施的基础之上。鉴于怀孕期间常见的诱发性压力很容易被觉察，预防性措施的代价要小于事后处置损伤的代价，该怎么做是不言自明的。广而言之，从怀孕到孩子三岁左右，支持年轻母亲和扶持她们的家庭得是首要任务。在这一点上，荷兰政府向困顿母亲提供家庭助理的做法，使它成了为普通家庭解决实际困难的典型：玛丽·波平斯（Mary Poppins）*面向的不是富人家。富人家不愁找不到保姆，最需要她的是贫困家庭。

相反，英国社会工作制度的设计旨在对那些孩子监护权遭质疑的父母进行仔细审查。当前，有 8 万儿童正在由寄养家庭抚养。[9] 一些寄养家庭相当好，但毕竟非长久之计，而且还是付费的。只有当意识到环境是安全、稳定和充满爱意的，孩子们才可能茁壮成长。此外，社会工作者监督审查的角色意味着他们与这些家庭的关系必定很糟糕，原因恰恰是他们奉"孩子安全至上"为圭臬。2002 年，社会关照总会的首席执行官这样描述这个制度："事实上你并不是真的在对人负责，你只是在照章办事。"[10] 而照章办事是在蓄意排除基于隐性知识而做出的判断。希拉里·科塔姆（Hilary Cottam）估计，社会工作者 80% 的时间都花在了错综复杂的各种检查制度上，以规避社会工作部门对可预见的失败所应负的责任。[11] 就拿医疗服务来说，因为任务太过复杂，即使有着丰富的资源和分散的决策机制，依然会不时出错。试图转移责任而不是直面问题，结果注定更坏。了解相关家庭情况的社工们没有自主做评判的自由，他们必须依照条例"保护"孩子，"如果怀疑孩子的处境不安全，就得将孩子带走"。社工的工作太令人沮丧了，因而

---

* 美国电影《欢乐满人间》（Mary Poppins）中的主人公，她会在班克斯夫妇无暇照顾儿女的时候出现，担任家中的保姆。饰演玛丽的朱莉·安德鲁斯（Julie Andrews）凭借在该片中的出色表现夺得了 1965 年奥斯卡金像奖最佳女主角，玛丽·波平斯遂成为美国文化中保姆形象的代表。——译者注

员工像走马灯一样更换，这进一步瓦解了隐性知识。检查制度是复杂而碎片化的，市政当局的社工预算被大量的家庭检查和冗员管理耗尽。社工们的时间即使没有全部浪费在行政事务上，也没能有效地用在问题家庭上，因为他们的首要任务是为检查系统收集数据。而被检查的家庭知道自己面临失去孩子监护权的威胁，因而并不信任这些貌似是来提供帮助的人：他们的第一反应是隐瞒实情，因为母亲感觉自己四面受敌。正像科塔姆所说的，一位左支右绌、压力巨大的母亲通常会有两部电话：一部用来联系她信任的、同病相怜的小圈子，另一部用来"应付交际"。[12] 她得想办法既规避孩子被社工带走的危险，同时又拿到政府的救济补助。显然，英国的社会工作是一个失败系统的缩影，它试图通过高度集中的核查惩处机制去完成十分复杂的任务。这套机制在别处不好使，在这里也不好使。

2—5 岁儿童的能力可以通过适应社会而得到增强。法国的学前托儿制度是一个好榜样，它的优点在于免费、标准化，这使送孩子去托儿所成了法国家长的普遍行为。习以为常意味着免遭污名化，这是那些最需要送孩子进托儿所的家长们求之不得的。后勤供给来自正规商家，配有女校长和有资质的员工，孩子们在这里能获得系统的学习经历，每一点进步都有据可查。此外，这样一个成熟的组织很容易在家长中催生出社群，有效缓解孤立形成的压力。学前教育的高标准和财政支持给了政府、特别是地方政府一个如何作为的直白提示：进一步向包括诸如教会在内的公民社会放权。

一个人在18岁时的认知表现其实在6岁时就大致定型了，[13]

这就不难理解国家政策为何如此关注学校教育。罗伯特·帕特南确信，学校不只是向孩子们传授知识的**组织机构**，更是供他们互动和相互影响的场所。招生区域的社会构成往往因房价的不同而不同，只有那些受过良好教育、负担得起高房价的家长，能让孩子享受高房价区域凸显的文化优势，这就进一步增大而不是缩小了孩子早期形成的差异。[14] 如果来自同一区域的学生都有相似的背景，这会使学校难以起到矫正社会不公和不平等的作用。这似乎再次说明了教育资源应向 6 岁前聚焦。值得一提的是，欧洲各国的教育实践有着实质的差异，芬兰被认为是最成功的。

　　职业培训是完成学校教育后的一个选项，其种类繁多，差别也很大。该领域中的失败教训教会了我们两个显而易见的道理：一个是在地企业应当全面参与职业培训的设计与实施；[15]另一个是要想培养高水平的技能以及获取相关技能的能力，课程得是长期的（通常是三到四年）并且要有官方认证。瑞士是一个特别成功的例子，那里 60% 的中学毕业生选择了职业教育。[16] 企业有着强烈的参与课程设计的动机，因为半数的资助是由它们提供的。而英国的职业培训学校严重缺乏资金，与当地企业也没有形成很好的合作；有的学校甚至干脆就没有可以联系的企业。课程的种类也实在太多（英国有 700 多门，而德国只有 200 多门）、太琐碎；课时却太少——在其他国家需要三年才能完成的课程，在英国常常仅需要几个月；从每一个学习阶段到下一个学习阶段直到找到有价值的工作，也缺乏方向感和清晰的过程设计。这是职业教育与大学教育的不同之处，职业院校中的年轻人没有清晰的路径以规划未来。继续教育真的太过碎片化了，混乱得连导师们也难以指导学生。

言外之意

区位很重要：脱欧及其造成的尖锐对立，正是英国为忽视这一显而易见的事实而付出的部分代价。城镇是由公司、家庭、公共服务机构和公民社会等多种多样的组织拼合而成的，正是这些了不起的组织让生活在其中的人拥有了生产创造的能力；**再造**这样的城镇会是一个挑战，但是一旦完成再造，朝气蓬勃之地自会保持活力。智人不同于"经济人"，他们明白为一个具有前瞻性的共同目标而协力合作是天经地义的，而合作是通过在区域内聚合来实现的。**睦邻乃人之天性**。

150

19世纪40年代那位由地方商人变成市长的提图斯·索尔特以向企业员工和布拉德福德市捐赠财产的实际行动赢得了人们的尊重。相比之下，杰莉比夫人向一个自己从未踏足的地方倾泻奔放而自恋的情感，则不过是狡猾的小伎俩。领导人该如何推动形成具有前瞻性的共同目标，索尔特堪称表率，他的雕像一直竖立在那里就是明证，那是人们在向这位将企业植根社区的先行者致敬。我们的商学院是要培养出乔治·默克还是迈克尔·皮尔森？默克认为制药的宗旨是服务于人，他打造了一家伟大的公司；而皮尔森只想着靠卖药赚钱，结果毁掉了自己的企业。达沃斯是要颂扬索尔特爵士那样的人，还是去拥抱杰莉比夫人？

避风的港湾

> 我们总想着新建大厦，却很少考虑人。
>
> ——简·雅各布斯，《美国大城市的死与生》[*]，1961 年

政治

与其他成功的社会无异，在过去的一个世纪里，英国的政治体制曾运行良好，两大政党在不同时期基本都找到了合适的领导人，将他们轮替推上宝座，督促他们走向温和的趋同。我们已经解释了这一扛过两次世界大战和经济大萧条的全方位中间路线是如何破产的。如我们所见，其中一个党强调国家主义意识形态，失败了；另一个党则是一个已解体的联盟，它被现已声名狼藉的市场原教旨主义所短暂绑架，眼下则正在纠结于

---

[*] Jane Jacobs, *The Death and Life of Great American Cities*. ——译者注

英国的欧盟成员国身份问题。在我们这个活跃分子和激进分子上蹿下跳的社会里，两个党都已萎缩成了完全不能代表人民的宗派。但幸运的是，英国的机会终于来了：两大政党都有了务实的新领导人，他们有力量重置党的议程。

　　我们寻求再造一个有广泛代表性的政府，其基础当然是有广泛代表性的政党，它们必须在更大程度上代表它们的支持者和潜在支持者。从个人角度来说，如果参与者本身不具有代表性，参与就与民主无关。曾几何时，参与国家政治的渠道有多种：地方政府、工会、社区组织等——这个传统需要回归。

152　　这要求我们尽快复兴上述组织，去尝试德国模式，用公共财政支持注册俱乐部和协会。社会组织的形成与维系有赖于资金投入：当英国的社交孤立在加剧时，德国的社团成员人数却增加了约三成，以至于几乎近半数人口是社团成员。[1] 当下，孤独已成为英国社会的大问题。我们不需要 WeWork，我们需要的是 WePlay。

商业

　　然而，纵使诺伊曼是如此的荒唐，他还是摸到了一些门道的。商业是我们最重要的共同体，以致现在的首席执行官们都争先恐后地宣称他们的公司是亲社会的。但"亲社会"的意思绝不应该是只在环保上做做姿态。我们较为详细地讨论过制药业，因为它展示了有社会责任感的企业是什么样的——它们在提供令人满意的就业并保持财务自立的同时，向社区贡献能提升生活品质的产品和服务。制药业也向我们揭示了有社会责任感的企业不能是什么样的——它不能通过腐化专业人士和剥削弱势群体来实现利润最大化。制药业的情形在金融业和其他部门都差不多。以对社会负责的方式进行经营才是企业的社会责任。

这是个文化问题，不是个法律问题；现行法律允许、甚至可以说要求有这类行为。如果有一项新的公司法案即将出台，关于法案的辩论应聚焦企业的社会角色，要抛弃市场原教旨主义的腐蚀性话语和错乱的分红文化；还应考虑设法减轻现代金融部门对非金融业的恶劣影响。

社会照料

英格兰的老人照料问题是历届政府都为之头疼的一个至关重要的话题。体恤民情的工党议员利兹·肯德尔（Liz Kendall）对它进行了认真思考，认为解决这个问题的关键点在于找到"个人和国家所做贡献之间的最佳平衡点"。[2] 她的解决方案是：用单一的预算和一个专设的机构在 NHS 与社会照料服务之间进行协调。她的立场有一个鲜明的特征——强调个人与国家间的二元对立；而她的解决方案则显露了固执的过度集中化的本能。本来两个组织就已经够大了，并分别有其因太过复杂而无法应对的任务，她却建议将两个组织合并起来以应对更为复杂的任务。就"常识"而言，有谁会对服务的协调统一表示反对呢？听着，我们反对！我们已经研究过失败案例，并见识过多元主义和多边倡议的灵活性及价值所在。还是那个老问题：您能说出纽约的面包供给是谁负责的吗？

较之老年人照料，没有哪项事业更适合作为小的、地方化的倡议被提出了。社区组织能够灵活地协调兼职志愿者、专业人员以及热心的邻居；他们能针对社区需求的变化建立起敏感的反应链；他们能听到老人们自己的倾诉，而不是像那些集中化的组织那样，只听那些为老年人代言的活动分子和说客的说辞——必须倾听，但必须倾听本人怎么说。希拉里·科塔姆曾偶遇一位孤独无望的老人，她耐心地从老人那里了解到怎样才能使他的生活阳光起来。随后的事出奇的简单：通过不起眼的组织化努力，老人们会定时地从电话里听到他们喜爱的音乐和熟人的声音。就此类倡议的实施来说，每个社区都有惊人的能力，而且类似的范例已有成千上万。

分权政府

财政管制已大大削弱了地方当局的财政自主权。国家虽已在诸如医疗和教育领域进行了权力下放，但却因为拒绝给予地方真正的财政自主而严重限制了它们的权威以及获取技术和技能的机会。集权化政府总企图为失败而下放责任，而不是为成功而下放资源。因此，如果收支不能自主决定，分权不过是个幌子。一旦地方的、城市的、乡镇的政府获得真正的权力，有抱负的政客们将参与其中，那些最成功的将成为全国的典范。一步一步地，权力下放将助力于催生更具广泛代表性的政治。

公共支出从伦敦向北方的转移步履蹒跚，需要数十年的坚持不懈以矫正过往的失衡。但这不应该成为新工党将消费从繁华都市转移的计划的翻版。地方需要大量的有效益的工作岗位，而当地民众也需要相应的培训机会以获得胜任岗位的技能。需要填平的是生产效率的鸿沟，而不仅仅是消费的鸿沟。这项任务殊为不易，需要付出巨大而持久的努力；国家要资助，但实施在地方。不仅是公共开支方面，在舆论影响方面，伦敦也太过于强大。伦敦人的意见当然重要，但不能举足轻重到这个地步。伦敦人，你们要么为自身利益的正当性群起而辩之，要么通过纠正错误为国家的重新统一做出贡献。

风暴

观念的渗透通常是缓慢的，但新冠病毒危机似乎已经以惊人的速度，将社区重新发挥作用的时刻提前了。不论国家还是个人都无法保护我们免受这一病毒的侵害。民主政体的强制力很有限：我们是公民，不是臣民。个人也不能终生自我隔离："自力更生"的一个丑陋的含义是"自生自灭"——社区是我们最重要的依靠。在此书付梓之际，我们尚不清楚社会能否从自身发现足够强的社区意识，为公益而合作。但在政府呼吁召集帮手的第一天，就有超过 50 万人投入了志愿者的行列。[3] 疾病大流行向我们所有人都提出了要求：我们最大的期望是自律意识的广泛普及。一如通常，只有在反社会者是微弱少数的情况下，国家有限的强制力才能奏效。反之，随着感染者持续地传播病毒，机会主义者从加剧的失序中获利，我们将陷入只顾个人自保的个人主义困境。

本书开篇我们引述了公元前 430 年伯里克利在阵亡将士葬礼上的演讲，他颂扬了雅典这个人类历史上第一个公民社会。演讲的次年他在侵袭雅典的大瘟疫中去世。修昔底德说："正是这次大瘟疫使雅典陷入了史无前例的崩溃状态。"[4] 在斯巴达，严格的隔离阻止了瘟疫的蔓延，但雅典自此一蹶不振并在持续多年的伯罗奔尼撒战争中被击败。相似的情形显而易见且令人不安。迄今为止，西欧的社会团结不仅被成功保持了下来，还有所加强。无须多久，我们就将或为社区价值的存在而欢呼，或为其丧失所带来的可怕后果而思量。

从"我"到"我们"，从"我们"到"你们"

我们是务实的经济学家，不是浪漫主义的福音布道者。同所有经济学家一样，我们所受到的教育告诉我们，这个世界是由个人利益最大化的理性人构成的。我们也把这一教条传授给了我们的学生。但保罗·科利尔那些有关非洲经济的经验让他明白：在自私鬼各自追求利益的社会里，家庭或族群之外的全部关系都是赤裸裸的交易，这样的社会不仅是世界上最贫困的，还注定拒不变革。约翰·凯了解到，只讲交易不问其他的商业模式无助于成功企业的实际运作，2008 年的金融危机就见证了建立在这种信念之上的公司可预见的失败。成功的企业会把合作的个人组建成团队，获取集体知识，从大多数人都有的、为实现有意义的目标而通力合作的内在动机中获利。

国家无力也不应当成为所有责任的承担者，肩负兑现一大堆经济权利、实现全球救世主义、保持 GDP 增长的全部使命。中央辅助原则将大部分责任赋予了层级低得多的组织；就像参与式民主所阐述的那样，国家是公民的仆人。个人与国家的对立紧张关系已被知识主流所抛开；它将由以小组织麇集为特征的社会所取代，每个小组织中的人们都有共同目标，这些小组织会为了共同目标在必要的规模上联合成更大的组织。 ¹⁵⁶

个人主义形单影只，不再意气飞扬；掩体的遮蔽物终于坍塌了。归属感不会束缚我们的手脚，而能使我们回归人性。我们希望这本小书能给予您参与进来的信心。

延伸阅读

本书完成之际，我们看到了令人鼓舞的迹象：肆虐半个世纪的极端个人主义正在走向终结。我们恰好读到了乔纳森·萨克斯（Jonathan Sacks）的新作《道德》（*Morality*，2020）。萨克斯勋爵曾任英联邦首席拉比多年，就职业经历和背景来说，他与我们职业经济学家的差别大到不可想象，但我们不但得出了许多相同的结论，一路下来还记录了许多相似的里程碑式事件。拉古·拉詹（Ragu Rajan）的《第三支柱》（*The Third Pillar*，2019）表明他最近将关注点转向了地域性社群在经济和社会运行中的重要性这一话题。2005 年，时任国际货币基金组织首席经济学家的拉詹指出国际金融体系正在积累系统性风险——他因此而广遭怨恨。迈克尔·杨曾探讨唯能体制的傲慢和弱势群体的赤贫，我们期待迈克尔·桑德尔在其《精英的傲慢》（*The Tyranny of Merit*，2020）一书中对此有所反馈。

尼古拉斯·克里斯塔基斯在《蓝图：好社会的八大特

征》(*Blueprint: The Evolutionary Origins of a Good Society*, 2019) 一书中断言，亲社会是人类的本性和特质。将他的书与约瑟夫·亨里奇的《人类成功统治地球的秘密》(*The Secret of Our Success*, 2017)、雨果·梅西耶 (Hugo Mercier) 和丹·斯珀伯 (Dan Sperber) 的《理性之谜》(*The Enigma of Reason*, 2017) 对照阅读将有所裨益。这些新近的作品借助遗传学、社会学、心理学、决策科学等领域的知识来帮助我们理解，竞争加合作如何既塑造了我们的社区，又塑造了我们的经济。

曾任英格兰银行行长七年的马克·卡尼 (Mark Carney) 离任后，在《经济学人》(*The Economist*) 2020 年 4 月 16 日号上撰文，强调有必要反思金融、商业和社区的关系。科林·迈耶 (Colin Mayer) 的《繁荣：商业进步乃上善之道》(*Prosperity: Better Business Makes the Greater Good*, 2018) 和丽贝卡·亨德森 (Rebecca Henderson) 的《纷乱世界里的资本主义再建构》(*Reimagining Capitalism in a World on Fire*, 2020) 两本书，强有力地刻画了企业目标摆脱股东价值符咒的新动态；朱迪·塞缪尔森 (Judy Samuelson) 的《商业新规六条》(*The Six New Rules of Business*, 2021) 有同样的关注点。

各政党内的新思维已经对知识潮流的这一转折做出了反应。在特蕾莎·梅笨拙地为竞选造势时，她的首席顾问尼克·蒂莫西 (Nick Timothy) 在《国家的再造》(*Remaking One Nation*, 2020) 中为英国保守党规划了一条社群主义路径；戴维·斯凯尔顿 (David Skelton) 的《小群体》(*Little Platoons*, 2019) 一书发展了相似的主题；埃德·韦斯特 (Ed

West）在《站错了队的小人物》（*Small Men on the Wrong Side of History*, 2020）中也以非常轻松的方式谈论了这个话题。议员杰西·诺曼的《埃德蒙·伯克传》（*Edmund Burke*, 2013）和《亚当·斯密传》（*Adam Smith*, 2018），其立意不仅在于对这两位历史人物做出新解读，还否认了戈登·盖科（Gordon Gekko）和伊万·博斯基与亚当·斯密存在任何精神上的传承关系，并且为中右的现代政治提出了新愿景。

当英国工党即将走出科尔宾时代的知识贫困时，数本著作开始为前景探路。安杰拉·伊格尔（Angela Eagle）议员和伊姆兰·艾哈迈德（Imran Ahmed）合著的《新农奴制》（*The New Serfdom*, 2018）开了中左翼 21 世纪经济哲学的先河；戴维·斯威夫特（David Swift）的《为左而左》（*A Left for Itself*, 2019）对当下身份政治的先入之见做出了强烈的反应。我们还要毫不犹豫地向探索新方向的左派推荐保罗·科利尔的《资本主义的未来》（2018），向既不信经济学教义也排斥马克思著述的读者推荐约翰·凯与默文·金合著的《极端不确定性：把握未知的明天》（2020）。

一些美国作者很好地讨论过左翼方向的迷失这一话题。马克·里拉（Mark Lilla）的《分裂的美国》（*The Once and Future Liberal*, 2017）不仅内容阐述有力，单单是标题就引起了我们的情感共鸣。*我们赞成丹麦社民党领导人、现任首相梅特·弗雷泽里克森（Mette Frederiksen）对选民说的话："不

---

* 这本书的英文名直译过来是"过往的和未来的自由主义者"，和它的中文版译名出入较大。——译者注

是你们远离了我们，而是我们远离了你们。"戴维·古德哈特
《通向某处之路》（2017）表达了相似的理路。迈克尔·林德
（Michael Lind）的《新阶级战争》（*The New Class War*, 2020）
一书是理解唯能体制的兴起与特朗普得势之关系的入门，而
帕特里克·丹宁（Patrick Deneen）的《自由主义为什么会
失败？》（*Why Liberalism Failed*, 2018）是关于这段历史的
进一步讨论。

165　　　萨克斯勋爵讲述过阿拉斯戴尔·麦金太尔的《追寻美德》
（*After Virtue*, 1981）如何让他重新思考社群主义路线。我们
两人各自有着相似的阅读经历。虽然这不是一本理解社群主义
哲学的最好懂的入门书，麦金太尔关于市场经济的观点也与我
们的差别很大，但我们还是希望读者能从中获得启迪。约翰·凯
的《市场的真相》（*The Truth About Markets*, 2003）以与过
去 20 年间的政治经济事件坚定对视的立场，阐述了市场与社
区如何相辅相成而非相互对立。

　　以下几部作品的现实意义已经经历了时间的考验：社会
学文集《心灵的习性》（*Habits of the Heart*, 1985）在 20 世
纪 80 年代风行美国；克里斯托弗·拉什（Christopher Lasch）
的《自恋主义文化》（*The Culture of the Narcissism*, 1979）和
《精英的反叛》（*The Revolt of the Elites and the Betrayal of
Democracy*, 1995）在今天读来较当时更有说服力；以及罗伯
特·帕特南的经典之作《独自打保龄》（2000）等——每一部
都是社群主义书架上的重要参考书。

致谢

个人头脑中的想法是通过与他人互动形成的，我们也不例外。本书的观点很多是新的，但也是从阅读和与其他人交谈的过程中生发出来的。这些人包括各专业领域的学者，以及那些从具有特定目的、特定场景的实践中获取知识的人。他们的名字无法一一列举，有的人应能从本书的字里行间看出自己的影响。最初的想法常常是错的，我们都意识到了这一点，因此要感谢就初稿发表评论的人们对我们的纠正。艾伦·雷恩出版社的斯图亚特·普罗菲特（Stuart Proffitt）是一位出色的编辑，他既能鼓励作者又能提出有洞察力的建议和批评；学者科林·迈耶和史蒂夫·费希尔（Steve Fisher）在百忙之中对整本书稿提出了很有价值的建议；我们把一大堆思想碎片转变成《贪婪已死》一书所经受的艰难，对我们各自的夫人波利娜（Pauline）和米卡（Mika）也是一种煎熬。马修·福特（Matthew Ford）和多丽丝·尼科利奇（Doris Nikolic）不仅提供了宝贵的研究协助，还对我们的一些想法提出了有力的挑战。

注释

第一章 这里发生了什么？

1. J. F. Kennedy (20 Jan. 1961).

2. R. M. Nixon (20 Jan. 1973).

3. 《华尔街日报》(19 July 2012).

4. R. Limbaugh (24 July 2012).

5. B. H. Obama (13 July 2012).

6. B. Greene (15 Dec. 1986) 中引用 I. Boesky.

7. J. Bentham, *The Book of Fallacies, Part V, Anarchical Fallacies* (1843).

8. Goldman Sachs (2020), 第 1 页。

9. The We Company S-1 Form (2019).

10. E. Platt (5 Sept. 2019).

11. E. Platt (24 Dec. 2019).

第二章 个人主义经济学

1. 在 *An Extraordinary Time* (2016) 中，马克·莱文森（Marc Levinson）对凯恩斯主义的需求管理做了回顾性评论。

2. G. Becker (1976)，第 14 页。

3. J. Waldfogel (2009).

4. The Committee for the Prize in Economic Sciences in Memory of Alfred Nobel (1992).

5. 引用于 C. Warren (1999)，第 370—371 页。

6. J. Rousseau (1761), p.105.

7. M. Friedman (13 Sept. 1970).

8. G. W. Merck (1 Dec. 1950).

9.《财富》(2020)。

10. D. Crow (17 Nov. 2016).

11. D. Kozarich (27 Sept. 2016).

12. J. Hoffman (26 Aug. 2019).

13. H. Kuchler et al. (23 Jan. 2020).

14. 引用于 A. Chakrabortty (10 Jan. 2017).

15. C. Goodhart in D. E. Altig and B. D. Smith (2003)，第 67 页脚注 1。

16. J. Bentham, J. H. Burns and H. L. A. Hart (1977)，第 393 页。

17. K. J. Arrow (1950).

18. P. Singer (1972)，第 231—232 页。

19. G. Sidgwick (1962)，第 414 页。

20. F. P. Ramsey (1928)，第 543 页。

21. D. Goodhart (2017)，第 15 页。

22. M. Friedman and L. J. Savage (1948); K. J. Arrow and G. Debreu (1954).

23. M. C. Jensen and W. H. Meckling (1976); F. H. Easterbrook and D. R. Fischel (1996).

24. T. J. Sargent, G. W. Evans and S. Honkapohja (2005)，第 566 页。

25. Committee on Oversight and Government Reform (2008)，第 37 页。

第三章　权利

1. J. Rawls (1971)，第 29 页。

2. J. Rawls (1971)，第 3—4 页。

3. W. J. Clinton (29 Sept. 1999).

4. R. Nozick (1990)，第 32—33 页。

5. J. Rousseau (1761)，第 97 页。

6. G. Hardin (1968).

7. United Nations (1948).

8. Schenk v. United States (1919).

9. R. Dworkin (1977)，第 xi 页。

10. A. MacIntyre (2013)，第 83 页。

第四章 从公民权利到身份表达

1. Planned Parenthood v. Casey (1991), 第 851 页。

2. M. Walzer (2019).

3. K. R. Minogue (1963), 第 1 页。

4. Mermaids (undated).

5. Occupy London (17 Oct. 2011).

6. R. Milkman, S. Luce and P. Lewis (2013), 第 8—9 页。

7. M. Crippa et al. (2019).

8. W. Kopp (2003), 第 4 页。

9. https://list25.com/25-worst-lottery-winner-horror-stories-cautionary-tales/

10. 发现收入一旦达到某一水平，幸福感就不再随着收入增长而增加的学术研究由来已久。但最近有学者进一步指出，当收入一旦超过某个水平，收入增加实际上会减少幸福感。例如保罗·多兰（Paul Dolan）教授在其《叙事改变人生》（*Happy Ever After*, 2019）一书中讲到的，年收入在 4 万至 5.9 万英镑之间的人幸福感最强。

11. 一个对 500 位年收入超过 10 万英镑的人士开展的调查发现，其中三分之二的人认为他们的人际关系存在重大问题——而好的人际关系是幸福的前提。作为对比，占总人口五分之一的人认为他们有类似问题。见 A. Holder（23 Jan. 2020）。

12. E. Zimmerman（2020）所引用的哈兹尔登·贝蒂·福特基金会的研究。齐默尔曼（Zimmerman）在书中描写的一个小插曲让人唏嘘：在一个律所合伙人的葬礼上，哀悼者们都低着头在看手机。

13. N. MacGregor (2018), 第 8 章。

第五章 父权国家的兴衰

1. 见 N. Westcott (2020).

2. H. Morrison (1933).

3. British Transport Commission (1955), 第 5 页。

4. A. King and I. Crewe (2014), 第 13 章。

5. 见 T. Collins (12 Apr. 2006); House of Commons Public Accounts Committee (14. Jan. 2009), p.14.

6. 在 P. Clark et al. (27 Mar. 2020) 中被引。

7. R. Schmitz (27 Mar. 2020) 中引用 C. Drosten。

8. Edelman (2019).

第六章　变化中的政治地壳板块

1. N. Kinnock 在 M. Rutherford (2 Oct. 1987) 中引 R. Todd。

2. R. J. Gordon (2016).

3. Labour Party Annual Conference Report (1976) 引 J. Callaghan, 第 176 页

4. K. Clarke in S. Payne (10 Jan. 2020).

第七章　工党是如何失去工人阶级的

1. A. Rae (5 Nov. 2019).

2. House of Commons Library (17 Apr. 2020).

3. N. Dempsey (6 Feb. 2017). 需要注意的是，与一些选区不同，这些都是基于 Chris Hanretty 模型的估计。

4. BBC (14 Dec. 2019) 引用。

5. P. G. J. Pulzer (1967), 第 98 页。

6. A. McDonnell and C. Curtis (17 Dec. 2019).

7. 同上。

8. 同上。

9. P. Bolton (27 Nov. 2012), 第 14 页。报告指出："高校入学率从 1950 年的 3.4% 上升到 1970 年的 8.4%（其中大多数人在 1950 年左右出生），再上升到 1990 的 19.3%、2000 年的 33%。"

10. E. Fieldhouse and G. Evans (2020), 第 13 页。

11. A. Tyson and S. Maniam (9 Nov. 2016).

12. R. Florida (28 Nov. 2018). 关于职业和投票行为之关系的数据来自同一信息源。美甲师和焊工分别是最不可能和最有可能支持特朗普的职业群体。

13. M. Young (29 June 2001).

14. N. Kinnock (7 June 1983) in S. Ratcliffe (2016).

15. P. Mandelson (Oct. 1999) in S. Ratcliffe (2016).

16. J. Carey (1992), 第 152 页。

17. V. Woolf (1924), 第 15 页。

18. S. L. McFall (2012) , 表 1。

19. A. Chua (2018), 第 5 页。

第八章 我们的社群本质

1．A. H. Maslow (1943).

2．见 M. E. P. Seligman (2011). R. Layard (2020) 是一个近期的研究，得出了同样的结论。

3．E. Burke (1790)，第 68—69 页。

4．G. W. F. Hegel (1820).

5．A. de Tocqueville (1862)，第 128 页。

6．K. Marx (1859).

7．A. Etzioni (2003).

8．N. A. Christakis (2019)，第 418 页。

9．The Asian Republican (21 Sept. 2016).

10．G. Marwell and R. E. Ames (1981)，第 309 页。

11．Peter Theil, 2011 年"未来基金"宣言的副标。

第九章 社群主义国家治理

1．E. Ostrom (1991).

2．见 D. S. Wilson (2020).

3．T. Philippon (2019) 揭示了企业游说国会如何侵蚀了美国社会中的竞争。

4．比如 C. O'Neil (2011).

5．K.Pickett 和 R.Wilkinson（2010）中讲到了许多这样的相关性，并在没有具体证据的情况下声称，收入不平等和社会信任存在因果关系。

6．B. Herrmann, C. Thöni and S. Gächter (2009).

7．J. Henrich (2017)，第 123 页。

8．I. L. Janis (1972).

9．S. E. Ambrose (1984)，第 638 页。

10．R. F. Kennedy (1999)，第 26—27 页和第 35—36 页。

11．同上，第 85—86 页。

第十章 社群主义政治

1．A. Jackson 在 R. V. Remini (1984) 中被引，第 273 页。

2．G. S. Becker (1973)，第 814 页。

3．J. Sumption (2019)，第 66 页。

4．C. Binham and J. Croft (9 Mar. 2020).

5. C. Attlee，在 V. Bogdanor (1981) 中被引，第 35 页。

6. E. Burke (1874)，第 11 页。

7. 同上。

8. 同上。

9. P. Maguire (27 Feb. 2020); House of Commons Library (2020).

10. House of Commons Library (2019).

11. N. MacGregor (2018).

12. M. Burbridge, A. Briggs, and M. Reiss (2020) 对这个问题作了精辟的阐释。

第十一章　社群主义、市场及商业

1. H. A. Simon (1962)，第 470 页。

2. A. Doyle (4 Mar. 2016).

3. M. M. Blair and L. A. Stout (1999)，第 278 页。

4. J. A. Kay (10 Nov. 2015).

5. Business Roundtable (19 Aug. 2019).

6. A. Smith (1776)，第 17 页。

7. J. P. Morgan (1912)，第 2 页。

第十二章　地域性社群

1. Jacobs (1961).

2. Office for National Statistics (19 Dec. 2019a).

3. Office for National Statistics (19 Dec. 2019b).

4. P. Brien (13 Dec. 2019).

5. J. Gramlich (6 Nov. 2019).

6. F. Perraudin (3 Oct. 2019).

7. R. Yehuda et al. (2005).

8. Putnam (2015)，第 114 页。

9. H. Cottam (2018)，以及之后与作者的交流。

10. 这句话出自 2002 年在南安普顿大学的一个公开演讲。我们感谢理查德·西博姆（Richard Seebohm）的叙述。

11. H. Cottam (2018)，第 13 页。

12. 同上，第 18 页。

13. 见 R. D. Putnam (2015) 和 J. J. Heckman (2012).

14．R. D. Putnam (2015), 第 182 页。

15．A. Goldstein (2018).

16．A. Shafique (13 Feb. 2019).

参考书目

Altig, D. E. and Smith, B. D. *Evolution and Procedures in Central Banking* (Cambridge: Cambridge University Press, 2003)

Ambrose, S. E. Eisenhower: *The President: Volume Two, 1952–1969* (London: George Allen and Unwin, 1984)

Angelou, M. *All God's Children Need Traveling Shoes* (New York: Random House, 1986)

Anscombe, G. E. M. 'Modern Moral Philosophy', *Philosophy*, Vol. 33, No. 124 (1958), 1–19

Aristotle. Jowett, B. (trans.). *Politics* (350bc)

Arrow, K. J. 'A Difficulty in the Concept of Social Welfare', *Journal of Political Economy*, Vol. 58, No. 4 (1950), 328–46

Arrow, K. J. and Debreu, G. 'Existence of an Equilibrium for a Competitive Economy', *Econometrica*, Vol. 22, No. 3 (1954), 265–90

Arrow, K. J. and Hahn, F. H. *General Competitive Analysis* (Amsterdam: North Holland Publishing, 1983)

The Asian Republican. 'Yale University – Full Version – New Videos of the Halloween Email Protest', YouTube (21 Sept. 2016), https://www.youtube.com/watch?v=hiMVx2C5_Wg accessed 20 Apr. 2020

Associated Press. 'Trump in Nevada: "I Love the Poorly Educated"', YouTube (23 Feb. 2016), https://www.youtube.com/watch?v=Vpdt7omPoa0 accessed 20 Apr. 2020

BBC. 'Wishy-washy Centrism Wrong for Labour, Warns Lord Hain', BBC News (14 Dec. 2019), https://www.bbc.co.uk/news/election-2019-50793959 accessed 20 Apr. 2020

Becker, G. S. 'A Theory of Marriage: Part I', *Journal of Political Economy*, Vol. 81, No. 4 (1973), 813–46

Becker, G. S. *The Economic Approach to Human Behavior* (Chicago: University of Chicago Press, 1976)

Bellah, R. N. et al. *Habits of the Heart: Individualism and Commitment in American Life* (Berkeley: University of California Press, 1985)

Bentham, J. *The Works of Jeremy Bentham, Vol. 2 (Judicial Procedure, Anarchical Fallacies, works on Taxation)* (1843)

Bentham, J., Burns, J. H. and Hart, H. L. A. (eds.). *A Comment on the Commentaries and A Fragment on Government: The Collected Works of Jeremy Bentham* (London: OUP, 1977)

Besley, T. and S. Dray, 2020, *Responsiveness during the COVID-19 Crisis: Does Free Media Make a Difference?* Working Paper, STICERD, London School of Economics.

Binham, C. and Croft, J. 'Barclays: The Legal Fight over a Company's "Controlling Mind"', *Financial Times* (9 Mar. 2020)

Blair, M. M. and Stout, L. A. 'A Team Production Theory of Corporate Law', *Virginia Law Review*, Vol. 85, No. 2 (1999), 248–328

Bogdanor, V. *The People and the Party System: The Referendum and Electoral Reform in British Politics* (Cambridge: CUP, 1981)

Bolton, P. 'Education: Historical Statistics', House of Commons Library (27 Nov. 2012)

Brien, P. 'Public Spending by Country and Region', House of Commons Library (13 Dec. 2019), https://commonslibrary. parliament.uk/research-briefings/sn04033/ accessed 3 Apr. 2020

British Transport Commission. 'Modernisation and Re-equipment of British Railways' (London: Curwen Press, 1955)

Buck, T. 'Germany's Club Culture Offers Clue to Political Consensus', *Financial Times* (8 Sept. 2017)

Burbridge, M., Briggs, A. and Reiss, M. *Citizenship in a Networked Age: An Agenda for Rebuilding Our Civic Ideals* (Templeton Foundation, 2020)

Burke, E. *Reflections on the Revolution in France* (1790)

Burke, E. *Selected Works of Edmund Burke* (Oxford: Clarendon Press, 1874)

Business Roundtable. 'Business Roundtable Redefines the Purpose of a Corporation to Promote "An Economy That Serves All Americans"', businessroundtable.org (19 Aug. 2019), https://www. businessroundtable.org/business-roundtable-redefines-the-purpose-of-a-corporationto-promote-an-economy-that-serves-all-americans accessed 3 Apr. 2020

Carey, J. *The Intellectuals and the Masses: Pride and Prejudice among the Literary Intelligentsia 1880–1939* (London: Faber and Faber, 1992)

Carney, M. 'Mark Carney on How the Economy Must Yield to Human Values', *The Economist* (16 Apr. 2020)

Chakrabortty, A. 'One Blunt Heckler Has Revealed Just How Much the UK Economy is Failing Us', *Guardian* (10 Jan. 2017)

Christakis, N. A. *Blueprint: The Evolutionary Origins of a Good Society* (London: Little, Brown Spark, 2019)

Chua, A. *Political Tribes: Group Instinct and the Fate of Nations* (London: Bloomsbury, 2018)

Clark, P. et al. 'How the UK got Coronavirus Testing Wrong', *Financial Times* (27 Mar. 2020)

Clinton, W. J. 'Remarks by the President at Presentation of the National Medal of the Arts and the National Humanities Medal' (29 Sept. 1999), https://clintonwhitehouse4.archives.gov/WH/New/html/19990929.html accessed 2 Apr. 2020

Collier, P. *The Future of Capitalism: Facing the New Anxieties* (London: Allen Lane, 2018)

Collins, J. *How the Mighty Fall: And Why Some Companies Never Give In* (London: Random House, 2009)

Collins, J. and Porras, J. I. *Built to Last: Successful Habits of Visionary Companies* (London: Random House, 2005; first published 1994)

Collins, T. 'NHS Focus: Open Letter: Questions That Need to be Answered', *Computer Weekly* (12 Apr. 2006), https://www.computerweekly.com/feature/NHS-Focus-Open-Letter-Questions-that-need-to-be-answered accessed 2 Apr. 2020

The Committee for the Prize in Economic Sciences in Memory of Alfred Nobel. 'Gary S. Becker – Facts' (1992)

Committee on Oversight and Government Reform. 'The Financial Crisis and the Role of Federal Regulators', House of Representatives (23 Oct. 2008)

Cottam, H. *Radical Help* (London: Virago, 2018)

Crippa, M. et al. *Fossil CO2 and GHG Emissions of All World Countries*, Joint Research Centre (Luxembourg: Publications Office of the European Union, 2019)

Crosland, A. *The Future of Socialism* (London: Jonathan Cape, 1956)

Crow, D. 'Two Executives Charged over Illegal Kickback Scheme at Valeant', *Financial Times* (17 Nov. 2016)

Dempsey, N. 'EU Referendum: Constituency Results' (6 Feb. 2017), available at https://commonslibrary.parliament.uk/parliamentandelections/elections-elections/brexit-votes-by-constituency/ accessed 20 Apr. 2020

Deneen, P. J. *Why Liberalism Failed* (New Haven: Yale University Press, 2018)

De Tocqueville, A. *Democracy in America* (1862)

Doyle, A. 'Management and Organization at Medium', *Medium* (4 Mar. 2016), https://blog.medium.com/management-and-organization-atmedium-2228cc9d93e9 accessed 3 Apr. 2020

Dworkin, R. *Taking Rights Seriously* (Cambridge, MA: HUP, 1977)

Eagle, A. and Ahmed, I. *The New Serfdom: The Triumph of Conservative Ideas and How to Defeat Them* (London: Biteback Publishing, 2018)

Easterbrook, F. H. and Fischel, D. R. *The Economic Structure of Corporate Law* (Cambridge, MA: Harvard University Press, 1996)

Edelman. '2019 Edelman Trust Barometer' (2019), https://www. edelman. com/sites/g/files/aatuss191/files/2019–02/2019_Edelman_ Trust_Barometer_ Global_Report.pdf accessed 2 Apr. 2020

Etzioni, A. 'Communitarianism', in Christensen, K. and Levinson, D. (eds.) *Encyclopedia of Community: From the Village to the Virtual World, Vol. 1, A–D* (Sage Publications, 2003), 224–8. Available at SSRN: https://ssrn.com/abstract=2157152

Ferguson, A. *An Essay on the History of Civil Society* (1767)

Fieldhouse, E. and Evans, G. *Electoral Shocks: The Volatile Voter in a Turbulent World* (Oxford: OUP, 2020)

Florida, R. 'Why is Your State Red or Blue? Look to the Dominant Occupational Class', *CityLab* (28 Nov. 2018), https://www.citylab. com/life/2018/11/state-voting-patterns-occupational-class-data-politics/575047/ accessed 20 Apr. 2020

Fortune. 'World's Most Admired Companies' (2020), https://fortune. com/worlds-most-admired-companies/ accessed 2 Apr. 2020

Friedman, M. 'The Social Responsibility of Business is to Increase Its Profits', *The New York Times Magazine* (13 Sept. 1970)

Friedman, M. and Savage, L. J. 'The Utility Analysis of Choices Involving Risk', *Journal of Political Economy*, Vol. 56, No. 4 (1948), 279–304

Glendon, M. A. *Rights Talk: The Impoverishment of Political Discourse* (New York: Free Press, 1991)

Goldman Sachs, 'Code of Business Conduct and Ethics', https://www.goldmansachs.com/investor-relations/corporate-governance/corporategovernance-documents/code-of-business-conduct-and-ethics.pdf accessed 20 Apr. 2020

Goldstein, A. *Janesville: An American Story* (New York: Simon and Schuster, 2018)

Goodhart, D. *The Road to Somewhere: The Populist Revolt and the Future of Politics* (London: Hurst, 2017)

Gordon, R. J. *The Rise and Fall of American Growth* (Princeton: Princeton University Press, 2016)

Gramlich, J. 'East Germany Has Narrowed Economic Gap with West Germany since Fall of Communism, but Still Lags', *Pew Research Centre* (6 Nov. 2019), https://www.pewresearch.org/fact-tank/2019/11/06/east-germany-has-narrowed-economic-gap-with-west-germanysince-fall-of-communism-but-still-lags/ accessed 3 Apr. 2020

Greene, B. 'A $100 Million Idea: Use Greed for Good', *Chicago Tribune* (15 Dec. 1986)

Handy, C. 'What's a Business For?', *Harvard Business Review*, Vol. 80, No. 2 (2002) 49–55

Hardin, G. 'The Tragedy of the Commons', *Science*, Vol. 162, No. 3859 (1968), 1243–8

Heckman, J. J. 'Promoting Social Mobility', *Boston Review* (1

Sept. 2012), http://bostonreview.net/forum/promoting-social-mobilityjames-heckman accessed 21 Apr. 2020

Hegel, G. W. F. *Grundlinien der Philosophie des Rechts* (1820)

Henderson, J. *Reimagining Capitalism in a World on Fire* (New York: PublicAffairs, 2020)

Henrich, J. *The Secret of Our Success: How Culture is Driving Human Evolution, Domesticating Our Species, and Making Us Smarter* (Princeton: Princeton University Press, 2017)

Herrmann, B., Thöni, C. and Gächter, S. 'Antisocial Punishment across Societies', *Science*, Vol. 319, No. 5868 (2008), 1362–7

Hoffman, J. 'Johnson & Johnson Ordered to Pay $572 Million in Landmark Opioid Trial', *The New York Times* (26 Aug. 2019)

Holder, A. 'The "Salary Sweet Spot" that Could Save Your Relationship', *Daily Telegraph* (23 Jan. 2020)

House of Commons Library, 'Membership of UK Political Parties' (9 Aug. 2019), https://commonslibrary.parliament.uk/research-briefings/sn05125/ accessed 3 Apr. 2020)

House of Commons Library, 'General Election 2019: Full Results and Analysis' (28 Jan. 2020), https://commonslibrary.parliament.uk/research-briefings/cbp-8749/ accessed 3 Apr. 2020

House of Commons Library, '1918–2019 Election Results by GE' (17 Apr. 2020), https://commonslibrary.parliament.uk/research-briefings/cbp-8647/ accessed 20 Apr. 2020

House of Commons Public Accounts Committee. 'The National Programme for IT in the NHS: Progress since 2006: Second Report of Session 2008–09' (14 Jan. 2009)

Jacobs, J. *The Death and Life of Great American Cities* (New York: Random House, 1961)

Janis, I. L. *Victims of Groupthink: A Psychological Study of Foreign Policy Decisions and Fiascoes* (New York: Houghton Mifflin, 1972)

Jefferson, T. Memoir, *Correspondence, and Miscellanies: From the Papers of Thomas Jefferson* (1829)

Jensen, M. C. and Meckling, W. H. 'Theory of the Firm: Managerial Behavior, Agency Costs and Ownership Structure', *Journal of Financial Economics*, Vol. 3, No. 4 (1976) 305–60

Kay, J. A. *The Truth About Markets: Why Some Nations are Rich but Most Remain Poor* (London: Allen Lane, 2003)

Kay, J. A. 'Shareholders Think They Own the Company—They are Wrong', *Financial Times* (10 Nov. 2015)

Kay, J. A. and King, M. A. *Radical Uncertainty: Decision-making for an Unknowable Future* (London: Bridge Street Press, 2020)

Kendall, L. 'Fixing Social Care is More Important than Potholes', *Financial Times* (14 Mar. 2020)

Kennedy, J. F. 'Inaugural Address', John F. Kennedy Presidential Library and Museum (20 Jan. 1961), https://www.jfklibrary.org/learn/aboutjfk/historic-speeches/inaugural-address accessed 20 Apr. 2020

Kennedy, R. F. *Thirteen Days: A Memoir of the Cuban Missile Crisis* (New York: Norton, 1999)

Keynes, J. M. *The General Theory of Employment, Interest and Money* (London: Macmillan and Co., 1936)

King, A. and Crewe, I. *The Blunders of Our Governments* (Oneworld Publications, 2014), e-version

Kopp, W. *One Day, All Children...: The Unlikely Triumph of Teach for America and What I Learned along the Way* (Cambridge, MA: PublicAffairs, 2003)

Kozarich, D. 'Mylan's EpiPen Pricing Crossed Ethical Boundaries', *Fortune* (27 Sept. 2016)

Kuchler, H. et al. 'Opioid Executive Admits to "No Morals" ahead of Prison Term', *Financial Times* (23 Jan. 2020)

Labour Party Annual Conference Report (1976)

Lasch, C. *The Culture of Narcissism: American Life in an Age of Diminishing Expectations* (New York: W. W. Norton & Company, 1979)

Lasch, C. *The Revolt of the Elites and the Betrayal of Democracy* (New York: W. W. Norton & Company, 1995)

Layard, R. *Can We be Happier?: Evidence and Ethics* (London: Penguin, 2020)

Levinson, M. *An Extraordinary Time: The End of the Postwar Boom and the Return of the Ordinary Economy* (London: Random House, 2016)

Lilla, M. *The Once and Future Liberal: After Identity Politics* (New York: HarperCollins, 2017)

Limbaugh, R. 'The Most Telling Moment of Obama's Presidency: "You Didn't Build That"', *The Rush Limbaugh Show* (24 July 2012), https://www.rushlimbaugh.com/daily/2012/07/24/the_most_telling_moment_of_obama_s_presidency_you_didn_t_build_that/ accessed 6 Apr. 2020

Lind, M. *The New Class War: Saving Democracy from the Metropolitan Elite* (London: Atlantic Books, 2020)

MacGregor, N. *Living with the Gods: On Beliefs and Peoples* (London: Allen Lane, 2018)

MacIntyre, A. *After Virtue* (London: Bloomsbury, 2013)

Macmurray, J. *Persons in Relation* (London: Faber, 1961)

Maguire, P. 'Long-Bailey's Shift to Attack Mode Shows What Awaits Starmer if He Wins', *Guardian* (27 Feb. 2020)

Marwell, G. and Ames, R. E. 'Economists Free Ride, Does Anyone Else? Experiments on the Provision of Public Goods, IV', *Journal of Public Economics*, Vol. 15, No. 3 (1981), 295–310

Marx, K. *Preface, A Contribution to the Critique of Political Economy*

(1859), https://www.marxists.org/archive/marx/works/1859/
critiquepol-economy/preface.htm accessed 2 Apr. 2020

Maslow, A. H. 'A Theory of Human Motivation', *Psychological Review*, Vol. 50, No. 4 (1943) 370–96

Matthews, R. C. O. 'Why Has Britain Had Full Employment since the War?', *Economic Journal*, Vol. 78, No. 311 (1968) 555–69

Mayer, C. *Prosperity: Better Business Makes the Greater Good* (Oxford University Press) 2018.

McDonnell, A. and Curtis, C. 'How Britain Voted in the 2019 General Election', *YouGov* (17 Dec. 2019), https://yougov.co.uk/topics/ politics/articles-reports/2019/12/17/how-britain-voted-2019- generalelection accessed 20 Apr. 2020

McFall, S. L. (ed.). *Understanding Society: Findings 2012* (Colchester: Institute for Social and Economic Research, University of Essex, 2012)

Mercier, H. and Sperber, D. *The Enigma of Reason: A New Theory of Human Understanding* (London: Allen Lane, 2017)

Merck, G. W. 'Medicine is for the Patient, not the Profits' (1 Dec. 1950), https://www.merck.com/about/our-people/gw-merck-doc.pdf accessed 2 Apr. 2020

Mermaids, 'Professionals', https://mermaidsuk.org.uk/professionals/ accessed 20 Apr. 2020

Milkman, R., Luce, S. and Lewis, P. *Changing the Subject: A Bottom-up Account of Occupy Wall Street in New York City*, The Murphy Institute (2013)

Minogue, K. R. *The Liberal Mind* (New York: Random House, 1963)

Morgan, J. P. 'J. P. Morgan's Testimony: The Justification of Wall Street' (1912), available at https://memory.loc.gov/service/gdc/scd0 001/2006/20060517001te/20060517001te.pdf accessed 3 Apr. 2020

Morrison, H. *Socialisation of Transport* (HMSO: 1933)

Murphy, S. 'More than 500,000 People Sign Up to be NHS Volunteers', *Guardian* (25 Mar. 2020)

National Centre of Health Statistics, *Health, United States, 2018: Table 009: Death Rates for Suicide, by Sex, Race, Hispanic Origin, and Age: United States, Selected Years 1950–2017* (2018), https://www. cdc.gov/nchs/data/hus/2018/009.pdf accessed 20 Apr. 2020

Nixon, R. M. 'Second Inaugural Address of Richard Milhous Nixon', The Avalon Project (20 Jan. 1973), https://avalon.law.yale. edu/20th_century/nixon2.asp accessed 6 Apr. 2020

Nolan, P. *Happily Ever After: Escaping the Myth of the Perfect Life* (London: Allen Lane, 2019)

Norman, J. *Adam Smith: What He Thought, and Why It Matters* (London: Penguin, 2018)

Norman, J. *Edmund Burke: The Visionary Who Invented Modern Politics* (London: William Collins, 2013)

Nozick, R. *Anarchy, State and Utopia* (Oxford: Basil Blackwell Ltd., 1990; first published 1974)

Obama, B. H. 'Remarks by the President at a Campaign Event in Roanoke, Virginia', Office of the Press Secretary (13 July 2012), https://obamawhitehouse.archives.gov/the-press-office/2012/07/13/ remarkspresident-campaign-event-roanoke-virginia accessed 6 Apr. 2020

Occupy London, 'Occupy London Stock Exchange—the Initial Statement', *Guardian* (17 Oct. 2011)

Office for National Statistics. 'Headline Estimates of Personal Wellbeing from the Annual Population Survey (APS)' (23 Oct. 2019)

Office for National Statistics, 'Regional Economic Activity by Gross Domestic Product, UK: 1998 to 2018' (19 Dec. 2019a), https:// www.ons.gov.uk/economy/grossdomesticproductgdp/bulletins/reg

ionaleconomicactivitybygrossdomesticproductuk/1998to2018#gro
ssdomestic-product-per-head-for-nuts3-local-areas-1998-to-2018
accessed 3 Apr. 2020

Office for National Statistics. 'Regional Gross Domestic Product all
NUTS Level Regions' (19 Dec. 2019b), https://www.ons.gov.uk/
economy/grossdomesticproductgdp/datasets/regionalgrossdomestic
productallnutslevelregions accessed 3 Apr. 2020

Office for National Statistics. 'Suicides in the UK, 1981
to 2018' (3 Sept. 2019), https://www.ons.gov.uk/
peoplepopulationandcommunity/birthsdeathsandmarriages/deaths/
datasets/suicidesintheunitedkingdomreferencetables accessed 20
Apr. 2020

O'Neil, C. 'Working with Larry Summers (Part 2)', mathbabe.com (24
June 2011), https://mathbabe.org/2011/06/24/working-withlarry-
summers-part-2/ accessed 2 Apr. 2020

Ostrom, E. *Governing the Commons: The Evolution of Institutions for
Collective Action* (Cambridge: Cambridge University Press, 1991)

Payne, S. 'Lunch with the FT: Ken Clarke: "Do We Carry On with
Crash, Bang, Wallop Nationalism?"', *Financial* Times (10 Jan.
2020)

Perraudin, F. 'UK Should Compensate Wales for "Reducing it to
Poverty"—Plaid Cymru', *Guardian* (3 Oct. 2019)

Peters, T. 'The Brand Called You', *Fast Company* (31 Aug. 1997),
https://www.fastcompany.com/28905/brand-called-you accessed 20
Apr. 2020

Philippon, T. *The Great Reversal: How America Gave Up on Free
Markets* (Cambridge, MA: The Belknap Press, 2019)

Philosophy Department at San José University. 'An Open Letter to
Professor Michael Sandel' (29 Apr. 2013), available at https://
www.chronicle.com/article/The-Document-an-Open-Letter/138937

accessed 20 Apr. 2020

Pickett, K. and Wilkinson, R. *The Spirit Level: Why Equality is Better for Everyone* (London: Penguin, 2010)

Planned Parenthood of Southeastern Pennsylvania et al. v. Casey, Governor of Pennsylvania, et al. *Certiorari to the United States Court of Appeals for the Third Circuit* (1991)

Platt, E. 'Adam Neumann's $1.6bn WeWork Exit Package Could Get Sweeter', *Financial Times* (24 Dec. 2019)

Platt, E. 'WeWork's Adam Neumann Returns Controversial $5.9m Payment', *Financial Times* (5 Sept. 2019)

Pulzer, P. G. J. *Political Representation and Elections* (London: Harper-Collins, 1967)

Putnam, R. D. *Bowling Alone: The Collapse and Revival of American Community* (New York: Simon and Schuster, 2000)

Putnam, R. D. *Our Kids: The American Dream in Crisis* (New York: Simon and Schuster, 2015)

Rae, A. 'I Ranked Every UK Constituency by Deprivation and then Coloured Them by Party Affiliation—for Fun!', *CityMetric* (5 Nov. 2019), https://www.citymetric.com/politics/i-ranked-every-uk-constituencydeprivation-and-then-coloured-them-party-affiliation-fun accessed 20 Apr. 2020

Rajan, R. *The Third Pillar: The Revival of Community in a Polarised World* (London: William Collins, 2019)

Ramsey, F. P. 'A Mathematical Theory of Saving', *Economic Journal*, Vol. 38, No. 152 (1928) 543–59

Ratcliffe, S. (ed.) *Oxford Essential Quotations* (Oxford: Oxford University Press, 2016)

Rawls, J. *A Theory of Justice* (Cambridge, MA: Belknap Press, 1971)

Remini, R. V. 'Andrew Jackson: The Course of American Democracy, 1833–1845' (Baltimore, MA: Johns Hopkins University Press,

1984)

Rousseau, J. *A Discourse upon the Origin and Foundation of the Inequality among Mankind* (1761)

Rutherford, M. 'Politics Today: Waiting for the Country to Turn Conservative—Labour at Brighton', *Financial Times* (2 Oct. 1987)

Sacks, J. *Morality: Restoring the Common Good in Divided Times* (London: Hodder and Stoughton, 2020)

Samuelson, J. *The Six New Rules of Business: Creating Real Value in a Changing World* (Berrett-Koehler Publishers, 2021)

Sandel, M. J. *The Tyranny of Merit: What's Become of the Common Good* (London: Penguin, 2020)

Sandel, M. J. *What Money Can't Buy: The Moral Limits of Markets* (London: Allen Lane, 2012)

Santos, H. C. et al. 'Global Increases in Individualism', *Psychological Science*, Vol. 28, No. 9 (2017), 1228–39

Sargent, T. J., Evans, G. W. and Honkapohja, S. 'An Interview with Thomas J. Sargent', *Macroeconomic Dynamics*, Vol. 9 (2005), 561–83

Schenk v. United States, 249 U.S. 47 (1919)

Schmitz, R. 'Behind Germany's Relatively Low COVID-19 Fatality Rate', *NPR All Things Considered* (27 Mar. 2020), https://www.npr.org/2020/03/25/821591044/behind-germanys-relatively-low-covid- 19-fatality-rate accessed 2 Apr. 2020

Seligman, M. E. P. *Flourish: A Visionary New Understanding of Happiness and Well-being* (New York: Free Press, 2011)

Shafique, A. 'If the UK Wants a Quality Vocational Educational System, It Should Take Inspiration from Switzerland', *RSA* (13 Feb. 2019), https://www.thersa.org/discover/publications-and-articles/rsa-blogs/2019/02/what-uk-vocational-education-can-learn-from-switzerland accessed 3 Apr. 2020

Sidgwick, G. *The Method of Ethics* (London: Macmillan, 1962)

Simon, H. A. 'The Architecture of Complexity', *Proceedings of the American Philosophical Society*, Vol. 106, No. 6 (1962) 467–82

Singer, P. 'Famine, Affluence, and Morality', *Philosophy and Public Affairs*, Vol. 1, No. 3 (1972) 229–43

Skelton, D. *Little Platoons: How a Revived One Nation Can Empower England's Forgotten Towns and Redraw the Political Map* (London: Biteback Publishing, 2019)

Smith, A. *The Theory of Moral Sentiments* (1759)

Smith, A. *An Inquiry into the Nature and Causes of the Wealth of Nations* (1776)

Sombart, W. Husbands, C. T. (ed.). *Why is There no Socialism in the United States?* (White Plains: M. E. Sharpe, Inc., 1976)

Sumption, J. *Trials of the State: Law and the Decline of Politics* (London: Profile, 2019)

Swift, D. *A Left for Itself: Left-Wing Hobbyists and the Rise of Identity Radicalism* (Winchester: Zero Books, 2019)

Thucydides. Crawley, A. (trans. 2004). *The History of the Peloponnesian War* (430bc)

Timothy, N. *Remaking One Nation: The Future of Conservatism* (Cambridge: Polity Press, 2020)

Twenge, J. M. et al. 'Age, Period, and Cohort Trends in Mood Disorder Indicators and Suicide-related Outcomes in a Nationally Representative Dataset, 2005–2017', *Journal of Abnormal Psychology*, Vol. 128, No. 3 (2019), 185–99

Tyson, A. and Maniam, S. 'Behind Trump's Victory: Divisions by Race, Gender, Education', *Pew Research Center* (9 Nov. 2016), https://www.pewresearch.org/fact-tank/2016/11/09/behind-trumps-victorydivisions-by-race-gender-education/accessed 20 Apr. 2020)

United Nations. *The Universal Declaration of Human Rights* (1948)

Waldfogel, J. *Scroogenomics: Why You Shouldn't Buy Presents for the Holidays* (Princeton: Princeton University Press, 2009)

Wall Street Journal Editorial, '"You Didn't Build That": On the President's Burst of Ideological Candor', *Wall Street Journal* (19 July 2012)

Walzer, M. *Spheres of Justice: A Defense of Pluralism and Equality* (New York: Basic Books, 1983)

Walzer, M. *Thick and Thin: Moral Argument at Home and Abroad* (Notre Dame, IN: University of Notre Dame Press, 2019)

Warren, C. *Supreme Court in United States History, 1856–1918, Volume III* (Washington, DC: Beard Books, 1999)

The We Company. 'Form S-1' (2019), https://www.sec.gov/Archives/edgar/data/1533523/000119312519220499/d781982ds1.htm accessed 6 Apr. 2020

Weil, S., Wills, A. (trans.). *The Need for Roots: Prelude to a Declaration of Duties towards Mankind* (London: Routledge, 2002)

West, E. *Small Men on the Wrong Side of History: The Decline, Fall, and Unlikely Return of Conservatism* (London: Constable, 2020)

Westcott, N. *Imperialism and Development: The East African Groundnut Scheme and Its Legacy* (James Currey, 2020)

Wilson, D. S. *This View of Life: Completing the Darwinian Revolution* (New York: Vintage Books, 2020)

Woolf, V. 'Mr. Bennett and Mrs. Brown' (London: The Hogarth Press, 1924)

Yehuda, R. et al. 'Transgenerational Effects of Post-traumatic Stress Disorder in Babies of Mothers Exposed to the World Trade Center Attacks during Pregnancy', *Journal of Clinical Endocrinology & Metabolism*, Vol. 90, No. 7 (2005) 4115–18

Young, M. *The Rise of the Meritocracy 1870–2033: An Essay on Education and Society* (London: Thames and Hudson, 1958)

Young, M. 'Down with Meritocracy', *Guardian* (29 June 2001)

Zimmerman, E. *Smacked: A Story of White-Collar Ambition, Addiction, and Tragedy* (New York: Random House, 2020)

索引

（按汉语拼音顺序排列，页码见本书边码）

M 译丛

imaginist [MIRROR]